Él Es

Αὐτὸς Ἐστιν

הוא

Dedicatoria

Con amor a quien busca una amistad con Él.

Índice

Introducción

Él Es siempre presente, en todas partes y más allá de lo existente. Todo principio proviene de Él y el fin de todas las cosas es Él.

Él Es Dios, Señor Altísimo, Rey Soberano, todopoderoso, siempre presente, y en todas partes, impronunciable, inaccesible. Él no tiene necesidades, ciertamente Él Es Santo, Él Es bueno, justo, generoso, perfecto, lleno de compasión y de amor inagotable.

Ya muchos han escrito acerca de Él, sin embargo, me ha parecido bien recopilar de manera cuidadosa, lógica y ordenada para ti, este recuento acerca de Él y del plan maravilloso que tiene para ti. El único propósito de este trabajo es edificarte, fortaleciendo y equipando tu fe en Él.

Pensé que escribiría este trabajo más avanzado en edad y con más experiencia, pero a Él le complació que fuera ahora. La Iglesia sólo somos mayordomos, sus manos y pies aquí en la tierra, y nos alegra obedecer sus instrucciones lo mejor que podemos. Algunos tardamos en entender esto.

Yo soy un simple laico y teófilo aficionado, no tengo autoridad eclesiástica, y mi vida no ha sido ejemplar (vergonzosamente), pero espero que Él me reciba en Aquel día gracias a su compasión y su amor inagotable e inquebrantable que supera por mucho el tamaño del Cosmos.

No recibí ninguna revelación especial. No soy famoso ni me interesa serlo. Me distraigo muy rápido con los sermones. No sé escribir canciones, componer música ni tocar instrumentos. Canto tan horrible que creo que amorosamente Él me retirará de Su coro celestial en aquel día para ponerme a hacer otra cosa (esto está bien por mí, y por el bien de los que se ahorrarán escucharme una eternidad).

Tampoco sé hablar bien en público, y me cuesta trabajo socializar, pero creo que investigar, reflexionar, interpretar y explicar, eso sí lo puedo hacer lo suficientemente bien como para entregárselo y ponerlo a la disposición de mi Rey, y de Su Iglesia. Después de todo, hasta la fecha sólo he recibido beneficios.

Este trabajo no intenta hacer una defensa de Dios (como si alguien pudiera enjuiciarlo). Él no necesita que le digan qué hacer, ni que alguien trate de justificar lo que Él se ha propuesto conforme a Su Voluntad. Posiblemente un buen teólogo se dará cuenta rápidamente de que este no es un trabajo erudito, de mis deficiencias y que definitivamente alguien ya escribió un mejor trabajo que este.

Quisiera ganarle en edad a Matusalén, pero desconozco cuánto tiempo Él me permitirá vivir en esta realidad, así que mejor no me arriesgo a dejar esta vida sin haber cumplido con la responsabilidad de escribir este trabajo para ti.

Lo he preparado tal y como me habría gustado que alguien me lo explicara, siendo yo alguien que siempre tiene preguntas para todo.

Espero que disfrutes leyendo este trabajo tanto como disfruté escribiéndolo.

Guillermo Estefani Monárrez
Zapopan, Jalisco, México; Agosto de 2021

Principio

Papá Celestial

Así que se levantó y fue hacia su padre,
y mientras aún estaba a la distancia,
su padre lo vio llegar y se llenó de compasión.

Entonces corrió hacia su hijo,
lo abrazó con firmeza y lo besó efusivamente.

Su hijo le dijo:

"Papá, me equivoqué, le fallé al cielo y te fallé a ti.
Ya no merezco ser llamado tu hijo.
Por favor hazme como a uno de tus trabajadores asalariados".

Pero el padre les dijo a sus trabajadores:

"¡Rápido! ¡Traigan el mejor traje y vístanlo!
¡Pónganle un anillo de autoridad en su mano y zapatos en sus pies!
Traigan al becerro engordado y prepárenlo.
¡Comamos y alegrémonos!
Pues este hijo mío estaba muerto, pero ahora revivió
¡Estaba perdido y ahora fue encontrado!"

Fue así como comenzaron la fiesta...

Lucas 15:20-24

Al tratar con humanos, quizás te has dado cuenta de lo egoístas, orgullosos, ingratos, insensibles, crueles, despiadados e intolerantes que podemos ser con quienes no conocemos, pero también puede ocurrir que hayas tenido experiencias así con tus padres físicos, que son menos que perfectos.

Quizás has tenido la bendición de que tu padre terrenal sea amoroso, pero también existe la posibilidad de que tu padre físico estuvo ausente, te chantajea, es abusivo, emocionalmente distante, controlador, irresponsable y por lo tanto tu experiencia con un padre físico no es de lo más agradable.

Quizás vives en una familia o una cultura en la que un padre no tiene relevancia o cuya figura ha sido desplazada o relegada para minimizarla.

Esto podría alterar la manera en que entendemos a Dios cuando escuchamos que es nuestro Papá, o quizás nos estorbaría para entender bien lo que implica que le llamemos Papá.

La transmisión genética a través de una semilla no es suficiente para decir que alguien es un padre, pues además de transmitir la sangre, la paternidad incluye el reconocimiento, autoridad, cuidado, protección, nombre, sustento, herencia y afecto que necesita un hijo para desarrollarse.

Los hebreos usan la palabra יָלַד (yalad) #H3205 cuando un hombre se convierte en padre al engendrar, procrear, sostener y traer a un niño a este mundo.

Esto es similar a la palabra griega γεννάω (gennaó) #G1080 (variante de "genos") que significa traer a la luz, traer al frente, concebir, o procrear un descendiente.

Además, los hebreos usan la palabra אָב (ab) #H1 para referirse a un padre o jefe principal de una familia o una forma de pensar, quien recibe honor, respeto, amor y obediencia.

Pero dicha palabra también se usa como la metáfora de una conexión íntima, y justo de ahí proviene el término griego Ἀββᾶ (abba) #G5, que es el que usan los niños para hablar de forma cariñosa y afectiva con su padre, como cuando nosotros decimos "papá".

Por eso, cuando nos referimos a un padre, no solo hablamos de quien nos ha traído a la vida física, y de quien comúnmente usamos su apellido como distintivo en nuestros nombres, sino también de alguien que nos ha introducido a una forma de pensar, quien es origen o fundador, quien ejemplifica y es reconocido como la máxima autoridad de una forma de actuar.

Cuando decimos que Él Es nuestro Papá, no sólo es para reconocer que Él engendró el Cosmos, que creó la vida en este plano físico, y que de Él provienen todas las cosas que conocemos que existen.

En este sentido, diríamos que Él es Papá que está sobre todas las cosas, entre todas las cosas y dentro de todas las cosas que existen tanto en los Cielos como en la tierra.

Cuando le decimos Papá, no es sólo para reconocer que nos parecemos a Él en cuanto a imagen y semejanza, porque nosotros, los miles de millones de seres humanos que hemos existido, en realidad venimos de un hombre formado por simple arcilla inerte que Él llena de vida abundante.

Tampoco nos limitamos a decir que Él es nuestro Papá Celestial como alguien que simplemente nos engendró y luego se fue a comprar unos cigarrillos para esconderse, como ocurre en la modernidad, y como pudiera pensar alguien que no le conoce.

Decimos que Él es productor y generador de la vida, pero también que Él es quien constituye, soporta, guía, y nos protege con su amor. Él Es como un papá que se interesa por sus nenes, y que además se pone feliz porque existimos.

Cuando reconoces que Él es tu Papá Celestial, estás manifestando que Él es especial para ti y tú para Él.

Él Es quien quiere una relación íntima y recíproca de amor, amistad, cariño y confianza contigo. Él es un Papá que te conoce íntimamente. Sabe lo que piensas antes de que lo pienses y sabe lo que dirás antes de que lo digas.

Cuando Jesús habla de su Papá, nos da un ejemplo de la relación íntima que Él quiere tener con nosotros. Cada que Jesús se refería a su Papá, causaba furia entre los sacerdotes y expertos en Dios de su época al grado de que querían asesinarlo, pues al llamarse hijo directo de Dios, procreado por Dios en el cuerpo de una mujer, esto lo hacía igual a Dios.

Si tu papá físico no era alguien a quien podías acercarte, o alguien amoroso que buscaba lo mejor para ti, tu Papá Celestial quiere compensarte por esto.

Él es un Papá que quiere ser real, presente y activo para ti, y no alguien oculto, misterioso ni distante en tu vida.

Él Es quien quiere tener conversaciones contigo, escucharte, que le conozcas mejor, y llevar a cabo su obra en ti para perfeccionarte.

Al llamarle Papá, podemos volver a casa, ser acreedores a los derechos legítimos de ser llamados sus hijas y sus hijos, acercarnos a Él libremente, sin demasiados protocolos.

Como es nuestro Papá, podemos platicar directamente con Él con la certeza de que siempre tiene tiempo para nosotros, que nos pondrá total atención, y nos dará respuesta a nuestras insistencias y peticiones, y ya no como un trabajador que se dirige a su jefe (¡relación que también existe!, y que exploramos en otro apartado).

Quizás tuviste un papá terrenal inoportuno, pero Él es un Papá que sabe que no todas las cosas que pedimos son necesarias para nuestro desarrollo, o que no siempre es el momento adecuado para entregárnoslas.

Cuando decimos que Él es nuestro Papá Celestial, aceptamos que estamos en un proceso de desarrollo. Él no es un tipo de papá controlador que nos trate como si no pudiéramos tomar decisiones.

Por el contrario, nos permite decidir con libertad, para que maduremos y podamos escoger lo que nos conviene, aquello que nos traiga vida abundante dichosa y llena de alegría, y no precisamente para que escojamos lo que nos vuelva miserables.

Cuando le llamamos Papá, podemos aceptar que Él nos instruye, nos brinda enseñanzas, nos corrige, nos tiene paciencia inagotable, y aunque no siempre nos dará todo lo que pidamos, sí se asegurará que tengamos lo que necesitamos para desarrollarnos y completar su propósito en nosotros.

La disciplina, el entrenamiento y la educación de nuestro Papá celestial no debe enojarnos ni frustrarnos o hacernos sentir resentimiento, porque Él es un Papá responsable que quiere sacar lo mejor de nosotros para que logremos nuestra mejor versión.

Una de las características más importantes de un papá es la compasión.

Si tienes un papá físico que te cuidaba y sacrificaba su comodidad para que estuvieras bien, entonces tienes una muy pequeña muestra de la manera en que Él es tu Papá.

A diferencia de nuestros papás físicos que a veces están de malas o frustrados por la imperfección de este mundo, Él Es un Papá perfecto, que nada le falta, siempre es bueno, y siempre cumple sus promesas.

No necesitas ganarte su aprobación, su afecto o su respeto cumpliendo con grandes hazañas. Dios no es ese tipo de Papá.

A pesar de que te equivoques todo el tiempo, o sientas que no estás a la altura, o que ya no eres digna, Él es un Papá que está orgulloso de ti, su paciencia es inmensa y su amor es inagotable.

No hay forma de que pierdas su amor. No hay circunstancias, ni acciones, ni inacciones, ni espíritus, ni ángeles, ni demonios, ni nada que nos pueda separar del amor de nuestro Papá Celestial.

Él es papá de los huérfanos, protector de las viudas y redentor con amor inquebrantable de los débiles, los viles, los indignos, los injustificados, los rebeldes y los falladores, o sea, de ti y de mí.

Esto quiere decir que Él es el tipo de papá que nunca deja de creer en nosotros y tiene esperanzas en que algún día decidamos volver de nuestros caminos desviados.

Él nunca se rinde, siempre espera que volvamos a Él, correrá a nosotros y no desperdiciará energía o atención discutiendo o reprochándonos por nuestras fallas.

El amor de nuestro Papá celestial hacia nosotros es celoso y feroz, como cuando un papá defiende y protege a sus hijos, como si fueran el tesoro más preciado que existe.

Él nos protege con su poder, y nos ha adoptado como hijos suyos gracias a su compasión, para que vivamos en su familia y que podamos disfrutar de su herencia, un hogar que no se destruye o se degrada, y que tiene habitaciones suficientes para todos nosotros.

Él Es el que quiere expandir su familia, por eso creó a los seres humanos con la capacidad de que podamos ser miles de millones con características distintas, especiales y únicas, pero todos semejantes a Él.

Cuando aceptamos que Él es nuestro Papá Celestial, es para reconocerlo como jefe de familia, y quien nos trae a su forma de vivir.

Quizás habrá personas que decidan no formar parte de su familia, y con ese amor inagotable, les permitirá quedarse con su elección.

Como hemos dicho, no es suficiente ser engendrados por Él para que sea considerado nuestro Papá, sino que Él quiere que lo imitemos para que pensemos y actuemos como Él.

Esto puede parecer imposible para los humanos, pero para Él es posible, y además es lo que espera de nosotros.

En realidad, sólo puedes lograr esto si aceptas la oportunidad que nos da de pedirle de su Espíritu para que Él viva en ti.

Sólo arrepintiéndonos para enderezar nuestro camino, y recibiendo su Espíritu para que se una al nuestro, es como podemos clamar genuinamente "¡Papá!".

Así es como podemos ser adoptados como hijos legítimos de su familia, y por tanto herederos y cogobernantes de las riquezas de su herencia.

Esta es la buena noticia y el secreto que antes estaba escondido y ahora está accesible a todos nosotros.

Él Es el que quiere darnos la bienvenida a su familia, y que aceptemos convertirnos en sus hijas o hijos, que seamos su tesoro especial, y con quien tengamos una relación íntimamente descomunal que sólo puede entenderse en las relaciones entre un padre y sus nenes.

Creador

¿Por qué dicen que sus vidas están ocultas de יְהֹוָה?

¿Por qué aseguran que Dios ignora su derecho a la justicia?

¿No les han explicado? ¿No lo han oído?

יְהֹוָה es el Dios eterno, Él Es el Creador de los confines del Cosmos.

Él Es infatigable e incansable; Su conocimiento es inescrutable.

Él da poder a los cansados y multiplica la fuerza a los débiles.

Los niños se cansan y se debilitan, los jóvenes tropiezan y se caen.

Esperar a יְהֹוָה restaurará sus fuerzas, subirán como con alas de águila.

Ustedes correrán y no se cansarán; caminarán y no se desmayarán.

Isaías 40:27-31

Es absurdo creer que no existen los propósitos en esta vida. Por ejemplo, los propósitos son la esencia de nuestro lenguaje.

La conciencia humana es compleja y encuentra propósito y utilidad a las cosas existentes, muchas de ellas ni siquiera fueron diseñadas o fabricadas por el ser humano, como es el caso de los animales, los microbios o las plantas, el núcleo de la Tierra, el océano, el Sol o el agujero negro que se encuentra en el centro de nuestra galaxia.

Sería una necedad engañarnos a nosotros mismos con el cuento de que el Cosmos surgió por casualidad y accidente, ante la evidencia de que su comportamiento obedece a principios y órdenes que sobrepasan nuestra comprensión actual, aunque las podamos describir apenas superficialmente.

Sin embargo, es muy común que nos cuestionemos si nuestras vidas tienen algún propósito, si ocurren por un gigantesco accidente obra de la casualidad, o si nuestras vidas provienen de una creación especial y voluntaria de alguien.

Los textos judeocristianos nos revelan que en el principio creó Dios el cosmos, la vida, y al humano con conciencia.

Si miramos al cielo en una noche estrellada, pudiéramos tener la impresión de que los cuerpos celestiales están desordenados en un estado caótico, pero examinando cuidadosamente podremos observar que la materia y la energía tienen un comportamiento conforme a principios físicos claros y elegantes que los humanos no establecimos, pero que podemos describir y comprender hasta cierto punto.

Nuestro sol es una estrella que funciona como un motor termonuclear masivo emitiendo inmensas cantidades de energía, compuesto en su mayoría por los elementos más simples.

Las estrellas funcionan como hornos donde se preparan los elementos más complejos, que al fusionarse y separarse emiten rayos de luz de distintas frecuencias, y de las cuáles ciertas radiaciones logran filtrarse por nuestra atmósfera para darnos luz de día, energía y calor.

Podríamos admirar las condiciones excepcionales que tiene nuestro planeta en el Sistema Solar: un campo magnético formado desde el núcleo de la Tierra compuesto de hierro y níquel que se frota de tal manera que permite la atmósfera.

La distancia, posición y movimiento respecto al Sol que permite las estaciones, su tamaño que permite estabilidad entre electromagnetismo y gravedad.

Podríamos examinar la existencia de agua, de nuestra luna para regular las mareas de los océanos, la composición química de nuestra atmósfera, el ciclo de los vientos, las corrientes de los océanos, entre un incontable número de condiciones para que la vida como la conocemos se pueda dar de manera abundante y podamos vivir los seres humanos sin mayores dificultades a diferencia de otros planetas y lunas como Venus, Marte, Júpiter, o la luna Titán.

Podemos asombrarnos también por asuntos minúsculos como las moléculas biológicas que conocemos como "proteínas" que son muy distintas entre sí porque presentan secuencias de acuerdo con un "código genético", formando estructuras tridimensionales complejas y espectaculares.

Podríamos detenernos a estudiar el papel que juegan las proteínas en los organismos para que se den las reacciones biológicas vitales para el funcionamiento de los cuerpos de seres vivos, y también en las estructuras de las células.

Por ejemplo, ahora se estima que una célula del tamaño de una bacteria tiene 2 millones de moléculas de proteínas; que una célula de levadura que se usa para hacer pan tiene 50 millones de moléculas de proteínas, y que una célula humana tiene entre 1 mil y 3 mil millones de proteínas.

Se han hecho cálculos de la probabilidad de que se forme una sola molécula de proteína por accidente en la Tierra $(1/10^{262})$. Una probabilidad de $(1/10^{50})$ nunca ocurrirá. La probabilidad de que se forme aleatoriamente una célula humana en el universo se ha calculado en $(1/10^{119841})$.

Estos números son abrumadores e incomprensibles y aunque la probabilidad de que nuestra realidad ocurra por accidente es prácticamente nula, la realidad es que, de todas las posibilidades del Cosmos, este es el instante en el que vivimos.

Y, aun así, podemos seguir asombrándonos de la complejidad de nuestra realidad. Por ejemplo, pensemos en la sangre y en nuestros diversos sistemas vitales como la respiración, la digestión o el sistema que permite hormonas.

Pensemos en cómo nuestros sentidos, o la función de nuestros oídos, ojos o tacto están conectadas por nuestro complejísimo cerebro y que la medicina utiliza métodos racionales y lógicos para describir todas estas funciones.

Consideremos que en nuestra conciencia existen además conceptos como las matemáticas y los valores como el amor, la justicia, la bondad, la misericordia y la gratitud.

Lo que hemos descubierto los humanos es que para todo lo existe una explicación teórica, descriptiva, demostrativa y probabilística, aunque aún no la conozcamos los seres humanos. Por cierto, los seres humanos hemos sido dotados de una curiosidad para comprender la ciencia de las cosas.

Además, por otra parte, la inmensa mayoría del sistema solar es inhabitable, y aunque existan billones de sistemas solares y galaxias donde pudieran existir planetas con condiciones para la vida como en la Tierra, la proporción de espacio, de lugares inhóspitos, fríos, calientes o inaccesibles para el ser humano representan una probabilidad abrumadora de muerte que los espacios en donde hay vida comprobable.

Por otra parte, el ser humano no es un ser inocente. Una inmensa proporción de la humanidad vive en la pobreza extrema, en condiciones francamente frágiles. Todos los humanos además nos enfrentamos a diferentes matices de sufrimiento y dolor.

En algunas regiones y tiempos se sufre de máquinas de dolor y crimen, guerras, enfermedades, vejaciones y hambre, y sí, aunque podemos desarrollar civilizaciones, estas colapsan eventualmente y desaparecen, entonces los años de bonanza siempre terminan y la desolación se vuelve inminente.

Pero tanto caos, tanta destrucción y tendencia a la inexistencia no pueden ser suficientes para hacernos ignorar la evidente coherencia en la materia y la energía del cosmos.

Y aunque alguien pretenda engañarnos para hacernos creer que todo es producto de un "gran accidente", en realidad plantear que el caos es la explicación de lo existente es insostenible. Quizás sería más honesto que quien plantea esto dijera: "No lo sé, y no quiero saberlo".

Felizmente el propósito de la certeza de que Él es el Creador en realidad no es para entrar en discusiones vanas o darle respuesta a quienes dudan de su poder creativo, y más bien, es para deleitarnos en su poder, pues sabemos que no hay nada en la creación que esté oculto a Dios.

Ahora bien, los hebreos usan el verbo עָשָׂה (asah) #H6213, para describir acciones con un propósito determinado, para señalar un tratamiento o transformación hacia algo con un objetivo concreto.

Cuando decimos que un ser humano es "creativo" nos referimos a la habilidad de hacer cosas. Por ejemplo, si somos capaces de organizar materia, energía o ideas mediante ciertos conocimientos y de ciertas maneras como en el arte o el desarrollo de tecnologías.

Si nos proponemos a "hacer" algo, normalmente pensamos en alguna actividad, movimiento o acción en la realidad que tendrá un resultado. Hacemos algo o llevamos a cabo un trabajo, con el propósito de cumplir o hacer que se logre un propósito.

Podemos hacer un jardín, un rebaño o un cultivo de levadura al cuidar y procurar que las piezas estén en el lugar adecuado, pero, además, utilizando nuestro trabajo e inteligencia para hacerlo crecer.

Hacemos una obra de arte o una pieza. Es decir, usamos las manos o la tecnología para diseñar, manufacturar, para construir, procurar piezas, juntarlas o ensamblarlas con la finalidad de obtener un producto nuevo con características distintas a las partes por sí mismas.

A la obra de nuestras manos, le iremos dando forma, normalmente la diseñaremos con entusiasmo y atención en los detalles para que las estructuras cuenten con estabilidad suficiente para que se mantenga la creación. Establecemos marcos y un propósito, y moldeamos por lo general poniendo presión en partes críticas para obtener nuestras piezas.

Pensemos en una creación elemental, usando barro o plastilina. Sería simplemente polvo de la tierra con un poco de agua, suficiente para construir una estructura, pero esto requerirá ingenio y perseverancia. Moldear con las manos la arcilla hasta que alcance la forma que nos interesa y luego pasarla por un calor que solidifique las estructuras para que perduren con el paso del tiempo.

Los seres humanos sólo trabajamos con lo existente para crear, y les damos nuevas formas, pues desde hace siglos comprendemos una ley física "de la conservación de la energía", que explica que la energía no puede crearse ni destruirse, sólo se puede cambiar de una forma a otra.

Pero la acción creativa de Dios es distinta. Para describirla, los hebreos usan el verbo בָּרָא (bara') #H1254 para referirse al proceso de traer algo inexistente a la existencia, a través de una acción asombrosa y milagrosa que genera una nueva circunstancia que sustituye a la anterior.

En griego este verbo corresponde a κτίζω (ktizó) #G2936, y siempre se refiere al proceso divino de crear algo de lo inexistente, aunque también indica el inicio de algo que se convierte en útil o habitable.

Esto significa, que la creación no existía y ahora se puede encontrar. Si nosotros hacemos operaciones de "1 +1 -> 2", Dios crea operaciones que derivan en "0 -> 1", es decir, Él produce milagros desde la nada o desde lo inexistente

La declaración de los creyentes puede resultar redundante y simplista de no ser verdadera.

Todo lo que es, todo principio proviene de Él, quien es nuestro Padre. Él engendró esta realidad, y Él engendró la vida y la energía en el cosmos material.

Pero si me permites, quisiera extender este pensamiento un poco más.

Sabemos que hay un lugar de descanso que está preparado desde que Él creó el Cosmos, porque hay un pasaje en las Escrituras que menciona el séptimo día, cuando "Dios descansó de toda su labor".

Así que, si aún estamos en un día en el que podemos leer este texto, es porque el descanso de Dios aún está disponible si no somos desobedientes a la voz de Dios.

Pero lo que más emoción me causa, es que también podemos decir que como vivimos en un día en el que aún no llegamos al descanso, entonces Dios sigue usando su poder creativo y milagroso en nosotros para perfeccionarnos.

Así que Él Es Creador, y continuará usando su poder creativo hasta que Jesucristo vuelva con poder y majestad.

Señor Altísimo, Rey Soberano

Terminando esos días, yo, Nabucodonosor,
alcé mis ojos al cielo y mi conciencia me fue restaurada.

Bendije al Altísimo.
Alabé y glorifiqué Al que vive eternamente:

» Su soberanía es de dominio perpetuo,
y su reino permanece de generación en generación.

Todos los habitantes del mundo son insignificantes.

Él actúa como le complace
en medio del poder de los Cielos
y entre los habitantes de la tierra.

Nadie puede obstaculizar Su poder,
ni decirle "¿Qué has hecho?"»

Al instante regresó mi conciencia.
Majestad y esplendor me fueron restaurados
para la gloria de mi reino.

Mis ministros y nobles me buscaron,
y yo fui restablecido con autoridad en mi trono,
y se me añadió una grandeza extraordinaria.

A la fecha yo, Nabucodonosor,
adoro, exalto y glorifico al Rey de los Cielos,
pues todas sus obras son verdaderas
y sus caminos son justos.

A los que caminan con soberbia,
Él es capaz de hacerlos humildes.

Daniel 4:34-37

Él Es el Señor Altísimo, Rey Soberano. Él es el fundamento de la máxima autoridad.

No sólo porque haya creado los Cielos y el Cosmos, porque Él es eterno, porque haga milagros, demuestre Su fuerza, o porque nos sostiene con su poder infinito, sino también porque Él es justo, sabio, amoroso, bondadoso, y compasivo.

Su reino es eterno, su poder no está restringido por leyes humanas, ni existe ningún contexto o autoridad política que limite su alcance.

Él toma todas sus decisiones sin necesidad de consultarlas con nadie, Él actúa como le complace y nadie puede obstaculizar su poder ni cuestionarlo.

Él establece las reglas y los principios físicos del Cosmos que sostienen a la naturaleza de la energía y la materia, y ni siquiera estas leyes lo restringen.

Él tiene el derecho legítimo de ejercer el poder sobre la realidad.

Como Él es eterno, bueno y justo, Él tiene el poder de establecer lo que es verdadero y recto, para que convivamos y también para restringir el poder de los gobernantes de este mundo.

Si el poder son las ganas de vivir, Él es quien inyecta aliento de vida a todos los seres vivientes. Por tanto, Él sostiene todas las voluntades con su aliento, y estas conservan su vida hasta que Él lo desea.

Él muestra compasión con quien quiere mostrar compasión, y al que quiere confundir lo confunde. Él tiene poder sobre todas las conciencias, y nos la puede retirar cuando le complazca para que nos confundamos con nuestras necedades.

No podríamos darle lo que ya es legítimamente suyo y que Él en realidad sólo nos presta.

Él es quien establece las reglas del juego humano y ni siquiera el libre albedrío humano lo restringe de llevar a cabo sus designios.

Mientras los reyes y gobernantes dependen de la opinión pública, Él no necesita de nuestra aprobación u opinión para llevar a cabo sus designios, sus propósitos y objetivos.

Él es capaz de forzar las situaciones, alterar las leyes físicas o sociales, para demostrar compasión, comunicarnos Su Voluntad, para darse a conocer.

Si pensamos en un cuerpo compuesto de muchas partes, cada una tiene un papel específico que permite que todas las partes disfruten del cuerpo en funcionamiento adecuado, de igual manera, la autoridad entre las personas nos ayuda a formar equipos funcionales.

Pensemos en el poder como una capacidad para cambiar la realidad y causar que las cosas pasen.

La autoridad permite organización, coordinación y cooperación del poder. Gracias a la autoridad se expanden nuestras capacidades para lograr en comunidad lo que sería imposible en lo individual.

Reconocer la autoridad legítima unifica las fuerzas de una comunidad, nos facilita la vida a todos y aumenta los alcances de nuestra libertad. La autoridad además nos permite aprendizajes y derechos con ordenes establecidos que facilitan la convivencia.

La existencia de la autoridad precisamente permite la autorización de los derechos.

Aceptar que Él es el origen, sustento y final de nuestras vidas nos permite enfocarnos a hacer Su Voluntad y les da sentido y propósito a nuestras acciones.

Cuando hablamos de un dominio, no sólo pensamos en términos de países o naciones, sino en casi cualquier campo de la vida donde existan sistemas, desde un hogar hasta las galaxias o las estructuras interestelares.

Si pensamos en imperios, vendrán a nuestra mente colonias y pueblos enteros con millones de familias que están coordinadas bajo estructuras de poder como las promesas, los sistemas de gobierno, y los acuerdos colectivos.

Cuando pensamos en que Él Es el Señor Altísimo, Rey Soberano debemos tener cuidado en no pensar en términos demasiado humanos.

Por ejemplo, actualmente usamos el término "señor" para comunicar respeto a personas que aún no conocemos por su nombre, pero esencialmente lo usamos para referirnos a alguien que representa autoridad, jerarquía o preeminencia.

Decimos "señor" para distinguir a un anciano con un rango más alto que el de su hijo, o para reconocer cierta jefatura o heroísmo cuando hablamos de algún entrenador, un potentado de los negocios o de la política.

A la par de este término, decimos que alguien es el "míster" o "maestro", el "patrón", "padrino", "padre" o "presidente" de una reunión, para referirnos a alguien que sobresale, ocupa un grado de autoridad, preeminencia, máxima representación, grandeza o legitimidad para enseñarnos algo.

La esencia de un rey está en su capacidad de ejercer el poder para liderar, dirigir a su pueblo y gobernar.

Un rey se sienta en su trono para deliberar, ejecutar órdenes que resuelven problemas y actuando para garantizar la permanencia de su reino.

Un soberano nos hace primero pensar en una dinastía de gobernantes, pero en esencia pensamos en esta persona como en alguien superior, un jefe principal que ejerce el poder actualmente sin estar restringido por estructuras de poder, o por la voluntad de alguien más.

Este es el sentido que los hebreos usan cuando dicen אֲדֹנָי (Adonai) #H136, para no hablar de יְהֹוָה en vano o con ligereza

Por eso es por lo que, en sus escritos se usa este término para hacer referencia a יְהֹוָה, un término que significa "Yo Soy Quien Yo Soy" pero que es tan inmensamente glorioso e inaccesible, que es impronunciable e inaudible.

Es una forma enfática llena de reverencia para referirse a Él como Señor, Maestro, y Soberano.

De esta forma, cuando decimos Señor, realmente hablamos de Aquel que es el Rey y Soberano, y que sujeta con fuerza y bajo su dominio a todo y cada uno de lo que hay en el cosmos.

Pero usar el término Señor puede resultar insuficiente para lo que realmente queremos decir. Es por eso por lo que de vez en cuando usaremos el término Altísimo Señor.

Cuando decimos "Altísimo" no nos referimos a la fantasía de un tamaño inmenso relativo de nuestros cuerpos físicos.

"Altísimo" se refiere a la capacidad más perfecta que podamos imaginar. Él es el Señor Altísimo que sobrepasa los límites de nuestra mente humana.

Al decir que Él Es el Altísimo, nos referimos a que es más grande que lo más grandioso que pudieras imaginar. Él está más allá de lo más profundo, lo más antiguo, lo más nuevo, lo más sublime, lo magnífico, ruidoso o real que puedas pensar en el sentido más amplio.

El Altísimo Señor es tan exaltado, levantado, fuerte, excelente, inaccesible en la gloria más suprema, en el lugar más alto de cualquier jerarquía.

Esta es la razón por la que nada le restringe, nada le estorba y nada está por encima de Él para estorbarle en lograr sus propósitos.

Él está sentado sobre su trono poderoso y desde ahí decreta lo que le place, y dispone de nuestras vidas como mejor le parece y sin pedirle permiso a nadie. Su majestad es inigualable, Su gloria es inigualable y Su poder es ilimitado.

Así no dejamos espacio a la duda, estamos hablando del grado superlativo. El que más. El Ser en la parte suprema con la mayor elevación posible de cualquier complejidad, por encima de cualquier idea, o de cualquier autoridad.

Cuando decimos Altísimo Señor, declaramos a Aquel que ejercer poder para dominar y gobernar cualquier imperio que se encuentre en el cosmos.

Cuando los creyentes nos referimos al Señor, Adonai o Κύριός (Kyrios) #G2962, no estamos dando una opinión o refiriéndonos a un reino figurado producto de la imaginación.

Estamos hablando del líder más prominente de un reino que trasciende a este cosmos. Sin embargo, estamos hablando de un Ser que está por encima del gobernante más importante o del multimillonario más rico que nos podamos imaginar.

Pero Él no es como nosotros. Él no se deja llevar por sus emociones, Él no es como un soberano déspota que tenga miedo a la muerte o a la traición, o como un ser humano que se embriaga de poder al subir un escalón social.

Nadie puede resistirse a Su Voluntad. Nadie puede frustrar sus planes, y nadie puede decirle qué hacer. Él no tiene necesidad de imponerse porque lo sostiene todo y está en todas partes.

En realidad, Él es el Alfarero, y nosotros sólo somos obra de Sus manos.

Él se ríe de los que tratan de agruparse para desafiarlo, y es capaz de humillar a los soberbios y altaneros de corazón que le desafían, que tratan de enfrentarlo o resistirse a Él.

Él es quien reina con fuerza y poder aquí y ahora, perfectamente sobre las voluntades de los seres humanos. Él es quien lo puede todo y no hay pensamiento que le quede oculto. Todas las cosas las hace según los designios de Su Voluntad.

Al declarar que Él Es el Señor Altísimo, Rey Soberano, estamos haciendo una declaración con la que reconocemos a ese Ser que representa la autoridad suprema para enseñarnos, para guiar nuestras vidas y con derechos completos sobre nosotros.

Al aceptar que El Es el Señor de nuestras vidas, le damos completa jurisdicción, sin restricciones, sin limitaciones y sin ataduras.

Admitir esto no nos libera de responsabilidad, por el contrario, nos hace prestar atención a la mayordomía de aquellas personas y cosas que Él decide poner a nuestro cargo.

Él nos hace partícipes de su herencia y de su organización para que maduremos y aprendamos a obedecerle voluntariamente.

Aceptamos que Él Es el Altísimo Rey Soberano, y esto nos permite descansar en que nuestras vidas no son productos de la casualidad, un accidente o un capricho, o que mientras sigamos vivos, es porque Él tiene un propósito para que sigamos vivos.

Nadie puede hacerte daño sin Su permiso. En Su Soberanía Él tiene guardada tu vida y sabe lo que te conviene.

Cuando los creyentes decimos "Altísimo Señor" lo que estamos haciendo es exaltarlo, reconociendo que Él es nuestra prioridad al despertar, vemos en Él un poder desplegado y triunfante, con la importancia del lugar más honorable que pudiéramos pensar.

Cuando los creyentes decimos Señor, estamos hablando de Aquel que ejerce su capacidad para cambiar toda la realidad de todo el cosmos a Su Voluntad. Hablamos del Ser que tiene el propósito de perfeccionarlo hasta que alcance su plena dignidad y honra, hasta que alcance su perfección más excelente.

Una vez más, se me enchina la piel: ¡Él Es el Señor Altísimo, Rey Soberano!

Claro que esta declaración puede resultar chocante para alguien que la escuche por primera vez. Podría resultar intimidante para alguien que no piensa igual que nosotros, pero los creyentes estamos acostumbrados a conversar este punto de vista con claridad, amor, compasión y alegría.

Podría acarrearnos problemas de índole político entre quienes no estén de acuerdo con esta declaración. Pero en este sentido, no lo hacemos para molestar a nadie, y también sabemos que es mucho mejor obedecer a Dios que a los hombres.

Encender una luz para que alumbre una habitación tiene consecuencias. Abrir los ojos podría no ser muy agradable si en la oscuridad habitaban situaciones peligrosas o que no estábamos acostumbrados a confrontar.

Bueno

יְהוָה es mi pastor, nada me falta.

Él me deja descansar en pastos verdes;
y me guía con cariño junto a aguas tranquilas.

Él restaura mi vida;
Él me guía por caminos de rectitud
con el propósito de su gloria.

Aunque camine por un valle de oscuridad mortal,
no temeré a la maldad,
porque Tú estás conmigo.

Tu vara y tu bastón me dan seguridad.

Preparas un banquete ante mí,
a la vista de quienes me presionan.

Me sanas ungiendo mi cabeza con aceite; mi copa está llena.

Seguramente tu bondad y compasión inagotable
me seguirán todos los días de mi vida,
y yo habitaré en la casa de יְהוָה viviendo por largos días.

Salmo 23:1-6

¡Agradezcan a יְהוָה porque Él es bueno!, porque su amor perdura por siempre.

Agradezcan al Gobernante de gobernantes, porque su amor perdura por siempre.

Agradezcan al Señor de señores, porque su amor perdura por siempre

Él es el Único que hace maravillas poderosas, Su amor perdura por siempre.

Con Su Inteligencia hizo los Cielos, Su amor perdura por siempre.

Él separó la tierra de las aguas, Su amor perdura por siempre.

Él se acordó de nuestra débil condición, Su amor perdura por siempre.

Y nos rescató de nuestros opresores, Su amor perdura por siempre.

Él alimenta a todo ser viviente, Su amor perdura por siempre.

¡Agradezcan al Dios de los Cielos! Su amor perdura por siempre.

Salmo 136:1-6;23-26

Alguien pudiera decir: "¿Cómo dices que Él es bueno habiendo tanta maldad y accidentes mortales en esta vida?" o "Si Dios es bueno ¿Por qué siento terror ante la muerte?".

La bondad de Dios es incomparable con las definiciones de bondad que nos creemos los hombres, y esto entendible porque a Él no le hace falta nada, mientras nosotros nos hace falta todo.

Por ejemplo, alguien pudiera tener la impresión de que una persona "buena" es alguien manipulable, inocente, aburrido o sin carácter.

Como si se pensara en aquel amante enfermizo, esclavo de su pasión, manipulable y manipulador, que sólo envía ofrendas a su ídolo sin hacer objeciones, que sólo sirve al objeto de su devoción para verle feliz, incapaz de pedir entrega a cambio. En lugar del amor de un amante celoso, con emociones desde las entrañas, con una pasión desbordada que se pone furioso por nuestras deslealtades y desviaciones.

También pudiera pensarse que alguien "bueno" no sabe establecer límites, no puede molestarse, mostrar ira o que no tiene el valor suficiente para ejecutar actos de justicia con fuerza.

Como si se tratara de una relación con abuelito senil y benevolente que se divierte dándonos dulces para "pasar un buen rato" disimulando que no se entera de nuestros errores y desviaciones. En lugar del amor de un padre que se interesa por nuestra salud y nutrición, y en corregirnos para perfeccionar nuestro carácter.

Cuando decimos que algo es "bueno", más bien nos referimos a lo que consideramos conveniente y favorable. Aquello que es adecuado o generoso por sí mismo, sin importar su reconocimiento.

Lo que es bueno representa prosperidad, lo agradable, lo rico, lleno de amor y placentero en todas las formas.

Dios es bueno porque Él Es Santo. Él Es el bien Supremo.

Cuando decimos que Él Es Santo, es porque Él es lo más perfecto, de una pureza absoluta, sin mancha, y libre de corrupción.

Él es el mejor de los seres. Él no deriva de nadie. Nada se le puede agregar, ni nada se le puede quitar.

Él no experimenta necesidades, y más bien su tesoro de bondad es infinito e inagotable, suficiente para llenar cualquier cosa.

Él Es un Ser al que somos semejantes los humanos, pero es eterno, lo conoce todo, está en todas partes, y además es el Ser más excelente, lleno de compasión y amor por nosotros.

Su limpieza perdura para siempre. Él Es el más bello, hermoso y digno de Suprema Alabanza. Él Es supremamente encantador y venerable. Debido a su bondad es que Él Es alabado y bendito.

Él Es el que era, el que es y el que ha de venir.

Todo lo bueno y excelente proviene de Él.

Él Es bueno, porque sus caminos son justos, y todas sus obras son buenas en gran manera porque están llenas de compasión y misericordia.

Esta bondad es un amor profundo eterno, inigualable pero que tampoco cambia o depende de la pasión o el capricho.

Quizás pudiéramos compararla un poco con la compasión visceral o entrañable que siente una madre por su hijo, capaz de manifestarse en la conducta de forma abundante, generosa, entera y alegre.

Podemos admirar sus obras maravillosas. Él nos da los sentidos y la capacidad de disfrutar placeres, y lo bueno para nosotros es hermoso, sabroso, delicioso, rico y disfrutable.

Él nos da todo lo que necesitamos para vivir de forma abundante y sin condiciones, además de mostrarse clemente y perdonador ante nuestras groserías y nuestros errores.

Su bondad es excesiva, se desborda, va en serio, se demuestra con actos, lo cubre todo y sobrepasa los límites. Nos llena de alegría, nos hace dichosos y nos vuelve felices.

Mediante su sabiduría, Él conoce todas las cosas y, por tanto, odia lo torcido, lo manchado y las fallas.

Él no se desvía, y además es celoso de la dignidad de Su gloria y Su santidad.

Ante Su perfecta presencia no pueden existir los errores.

Él habita en una luz inaccesible, mientras nosotros somos imperfectos viviendo en un Cosmos con reglas establecidas, pero que está en destrucción.

Mientras Él Es Santo, nosotros habitamos en un cuerpo corruptible con el que podemos interactuar con los demás (entre miles de millones de intereses), tomar decisiones imperfectas, y, por si fuera poco, requerimos reproducirnos para que la vida siga avanzando.

Vivimos sometidos a tanta presión de nuestros propios deseos de vivir que a veces no prestamos atención a nuestra condición, aunque es precisamente la bondad de Su santidad la que suele llamar nuestra atención.

Resulta imposible acercarnos a Él para admirar su hermosura dada su Santidad, pues seríamos arrasados por Su poder ilimitado ya que Él no participa de la inmundicia ni de la mentira.

Tampoco existe manera alguna de que alguno de nuestros pensamientos o actos fuera suficiente para presentarnos ante Él.

Esto nos representa un problema a nosotros imposible de superar, pero para Dios todo es posible.

El milagro radica en que Él se compadece de nosotros, nos extiende su bondad inagotable, y desdobla su amabilidad para aliviar nuestros dolores de forma libre y espontánea, porque Él es amor, y no porque nosotros lo merecemos.

Aunque claramente lo necesitamos, porque estamos tan rotos y caídos que no podríamos sostenernos de pie ante Su Justicia.

Él nos ofrece una franca amistad, una bienvenida a su familia y una relación llena de aprobación y disfrute. Él se acerca a nosotros de forma inexplicable, a pesar de nuestras desviaciones, nuestras pasiones desbordadas o nuestras imperfecciones.

Incluso a pesar de que quizás no lo pedimos o decidamos estar enemistados con él, aunque Él sostiene nuestras vidas de formas sorprendentes, con una gracia gratuita, premeditada, y soberana. Es decir, que él muestra su bondad a quien Él quiere, y de ninguna manera es una deuda.

Nosotros podemos desviar nuestro camino, llevar a cabo actos malvados, ser groseros, malagradecidos y, aun así, su bondad será continua, su perfección absoluta y su paciencia alargada, pues Él es bueno como nadie más lo es.

Debido a que su bondad es tan abundante, generosa, constante y eterna, es que los humanos podemos darla por sentada, como el oxígeno que respiramos o la sangre que corre por nuestras venas.

Pero la misericordia y la compasión de Dios no anulan su Santidad.

Quienes deciden una existencia sin Él, recibirán eso precisamente, y luego el fin de su sufrimiento. Él no va a dar por inocente a un culpable, y precisamente porque Él es bueno, es que retribuirá a quien menosprecia su benevolencia, a quien desafía su autoridad y a quien se burlan de sus mensajeros.

Él es bueno, porque Él Es un amor intimidante el cuál no estamos conscientes de que necesitamos tanto, un amor que ni siquiera habíamos pedido o deseado.

Quien lo conoce todo

Yo, la Sabiduría, me establezco con prudencia
y descubro el entendimiento y el propósito.

Respetar a יְהוָה es odiar a la maldad.
Por eso odio la arrogancia y al orgullo,
a la conducta malvada y al discurso perverso.

El consejo sabio y el conocimiento exitoso son míos.
Yo tengo entendimiento y poder.

Por mí gobiernan los reyes, y los gobernantes decretan leyes justas.
Por mí los príncipes dominan, y los nobles actúan con justicia.

Amo a quienes me aman, y si me buscan con interés me encontrarán.
Conmigo hay riqueza y honores, valor sostenido y justicia.

Mi producto es mejor que el oro más puro,
y mis rendimientos son mejores que los de la plata más fina.

Yo camino en rectitud por la senda de la justicia,
otorgo poder a mis amistades y les lleno de tesoros abundantes.

יְהוָה me creó en el principio, antes del inicio de los tiempos,
desde la eternidad me estableció, antes del inicio del Cosmos.

Proverbios 8:12-23

Él Es sabio. Él conoce toda la realidad a la perfección, de forma íntima y profunda. Su conocimiento e inteligencia no tienen límites, y su sabiduría es infinita.

Él está familiarizado con todos los aspectos, eventos y detalles de la interacción entre la energía y la materia en el Cosmos, de cómo eran en la remota antigüedad, cómo es hasta los confines del Cosmos, y cómo serán dentro de millones de años en el futuro.

Él ve todas las cosas con claridad, nada se escapa a su mirada y para Él no existen los secretos pues todo está revelado ante Sus ojos.

Todo está descubierto a su vista, nada le es oculto y ya lo ha examinado a detalle. No hay un rincón del Cosmos que esté oculto de su conocimiento, ni existe problema que su inteligencia no pueda resolver.

Él conoce el valor de todas las cosas y las acciones de los hombres. Sus juicios e interpretaciones acerca de la realidad son perfectos, y de Él surgen los principios y criterios para definir lo que es real, conveniente y bueno.

Él es un experto en nuestras intenciones y conoce el corazón de la vida interior de todos nosotros.

Sus propósitos, pensamientos, palabras y actos son siempre congruentes y claros.

Él causa todas las cosas que no son Él, y permite que cada uno de los miles de millones de humanos seamos distintos a Él, de manera que podamos aprender a entregarnos voluntariamente para amarle a Él.

Si la vida fuese un juego de ajedrez, Él conoce todas las jugadas, y las consecuencias de que alguien se vuela campeón del torneo. Como además sabemos que Él lo puede todo, Él siempre gana, por tanto, sabemos que sus decretos nunca serán alterados en el futuro.

Esta es la razón por la que a veces no entendemos sus caminos con nuestra mente limitada. No alcanzamos a ver que todas las jugadas tienen un propósito mientras ocurren, y sólo podemos verlas en retrospectiva.

"¿Será que mi pequeña vida le importa ante tanta complejidad, tantos miles de millones de personas que han pisado o pisarán la Tierra, y ante tal inmensidad del Cosmos?" podríamos decir con una ligera sonrisa.

Cuando decimos que Él Es quien lo conoce todo, es que reconocemos que efectivamente, él tiene contados cada uno de los cabellos de nuestra cabeza.

Cuando decimos que Él Es quien lo conoce todo, estamos reconociendo que Él conoce cada uno de nuestros pensamientos, de nuestros secretos y de las peticiones más escondidas en nuestro corazón.

Él conoce a plenitud todos los detalles de lo que ocurre en la vida de cada ser en el Cielo o en el Cosmos. Nada se le olvida, y tiene el registro de todo lo que hemos hecho y de lo que haremos en el futuro.

Aunque nosotros no podemos verlo, Él si nos ve a detalle. Ni en la galaxia más lejana, ni en el océano más profundo, ni en un agujero negro supermasivo podríamos escondernos de sus ojos.

Podríamos inquietarnos con este pensamiento al sentir que nuestra intimidad es vulnerada. Quizás quisiéramos que nadie fuese testigo de lo que hacemos en secreto y que no hubiera forma de juzgar nuestras acciones o desviaciones.

Por otro lado, es bueno saber que Él siempre nos escucha con atención. Es bueno saber que cuando experimentamos una injusticia, Él conoce nuestras decisiones e intenciones.

Es bueno saber que, aunque experimentemos el fracaso, y aunque miles de millones de personas también le invocan, cada una de nuestras oraciones llega a su Presencia sin necesidad de gran elocuencia, gritos, palabras prefabricadas o de que usemos una tecnología determinada.

La sabiduría es un regalo que recibimos y que podemos cultivar usando la prudencia, la habilidad y la astucia en nuestras acciones. La sabiduría se entrena con paciencia, curiosidad y perseverancia.

La clave es que nos interesemos en examinar con profundidad todos los asuntos. Que consultemos, investiguemos, estudiemos y le demos seguimiento diligente a los asuntos que capten nuestra atención.

De esta manera puedes adquirir prudencia y discernimiento para conducir tu vida de manera que produzca frutos valiosos, preciosos y distinguidos. Esta es la manera de acceder a resultados inusuales y prácticos.

La sabiduría no está reservada para unos cuantos. Él es generoso con la sabiduría y la regala con abundancia a quienes se la pidan con humildad y estén dispuestos a abrazar sus principios y ponerlos en práctica con alegría.

Saber que Él Es quien lo conoce todo, te permitirá pensar en nuestras vidas en términos de certezas, y menos en términos de ansiedades o remordimientos.

Toda tu vida, desde tu nacimiento y hasta el futuro está abierto ante sus ojos como un libro.

Todopoderoso

Juan, a las siete iglesias en la provincia de Asia:

Gracia y paz para ustedes
de Quien Es, y Era y está por venir,
y del Espíritu de siete aspectos ante Su trono,
y de Jesucristo, el testigo fiel,
el primer nacido de entre los muertos,
y Gobernante de los reyes de la tierra,
Él nos ama y nos ha liberado de nuestras fallas por medio de su sangre
y nos ha convertido en un reino,
sacerdotes para Su Dios y Padre
a Él es la gloria y el poder por siempre y para siempre. Ciertamente.

¡Miren! Él viene desde más allá de las nubes,
y todo ojo lo verá a Él claramente,
incluyendo quienes lo traspasaron.
Y todas las familias de la tierra llorarán por Él
¡Ciertamente así será!

"Yo Soy el Alfa y la Omega. Principio y fin"
Dice el Señor Dios quien Es, y Era y está por venir, el Todopoderoso.

Revelación de Juan 1:4-8

Él Es Todopoderoso para llevar a cabo todos los actos que Él quiere llevar a cabo.

Como Él Es Santo y Soberano, Él Es bueno, y como Él Es sabio, no tiene necesidades, pero en su generosidad le complace actuar en el Cosmos y hacernos el bien a través de obras que siempre son maravillosas y perfectas, usando una fuerza que siempre es pertinente y adecuada.

Su poder es como Él: es soberano, es infinito e ilimitado, es majestuoso, es eterno e imposible de comprender, medir, controlar, detener u obstaculizar.

Sus obras son maravillosas, y sus acciones son más rápidas que la velocidad de la luz física, la cual Él controla a la perfección.

La inmensidad de Su poder es tan aterradora, que nada de lo que se pueda escribir de su poder será suficiente para describirlo.

Con su sabiduría infinita y mediante el uso de su Palabra, con su magnífico poder, Él dio una orden, y así creó el maravilloso Cosmos con el espectro electromagnético, sus billones de galaxias, estrellas, así como las órbitas de los cuerpos celestes.

Él estableció las leyes físicas que gobiernan y limitan el Cosmos, la gravedad y la carga electromagnética que sostienen los átomos. Por eso decimos que su poder está escondido en todas partes, y sólo basta con examinar cualquier asunto con cuidado y a detalle para encontrarlo.

Por medio de Su Palabra dio la orden, y separó las aguas de la tierra, y también ordenó que surgiera vida en la tierra, los productos y animales que nos sirven de alimento, y con su aliento nos dio vida.

Mediante el uso de su poder es que cumple con sus promesas, nos brinda su compasión, y también es como ejecuta su justicia.

Nadie existe sin que él lo permita o lo sostenga con su poder, por tanto, no hay ni habrá nadie que se asemeje a su fuerza o poder. Ninguna voluntad se le puede resistir y nadie lo puede detener para que logre lo que se propone.

Él Es quien permite que los gobiernos de la tierra se establezcan, y quien restringe sus acciones para que no nos destruyamos. Él es también paciente para usar su fuerza cuando lo considera adecuado.

No existe enfermedad que Él no pueda sanar. Ni siquiera la muerte lo puede contener.

Él no duda ni titubea. Él no necesita favores de nadie ni que lo defiendan o lo interpreten.

Ninguna petición es difícil de responder ni ninguna necesidad es demasiado grande que Él no pueda proveer. No existe miseria que Él no pueda aliviar. Nada es imposible para Él.

Quizás alguien pueda preguntarnos: "¿Dios puede hacer (un error argumentativo)?, por ejemplo ¿Dios puede crear un objeto que no pueda cargar?", pero citando a C.S. Lewis, esto es como si preguntáramos "¿Dios pude ver ángulos redondos?".

Citando nuevamente a C.S. Lewis, "Dios lo puede todo, pero no hace sandeces. Esto no limita su poder"

Cuando los creyentes decimos que Él Es Todopoderoso, nos referimos a que Él tiene el poder de devastar el Cosmos.

Si pensamos en la fórmula de Albert Einstein $E = mc^2$, Él Es Todopoderoso para dar una orden de acelerar toda la materia del Cosmos y convertirla en plena energía. Él puede hacer esto con sólo desearlo, por lo tanto, nada de lo que nosotros conocemos como "milagro" le es imposible.

Conforme aprendemos a comprender mejor nuestra relación con Él, entonces nuestras ideas cobran un sentido distinto al que estábamos acostumbrados.

Por ejemplo, podríamos comenzar a admirar Su fuerza como un niño admira la fuerza de su papá, o como al amigo que llamamos cuando las cosas se ponen difíciles de entender.

Cuando decimos que Él Es Todopoderoso, aceptamos que Él Es la causa de que todas las cosas ocurran, y que nada sucedió o sucederá sin Su voluntad que siempre es agradable y perfecta.

Decimos que Él Es quien lo puede todo, aceptando nuestras limitaciones, ubicando nuestro egoísmo. Nosotros no lo podemos todo, mucho menos podríamos estar en pleito con Él o tratar de juzgarlo.

Está bien cuando pensamos en Él como un Papá amoroso, como un Amigo leal, como el Señor Altísimo, Rey Soberano, como el Creador de los Cielos y del Cosmos, pero es igual de importante admirarlo y reverenciarlo por Su Poder para actuar de forma ilimitada en nuestra realidad.

Cuando decimos que Él Es quien lo puede todo, también aceptamos que es capaz de manifestar su ira perfecta, y de administrar justicia para nuestras vidas, y para gobernar a las naciones con rectitud.

Él se ríe de los orgullosos y los egoístas que tratan de llamar la atención le dan ternura, porque nosotros somos sólo polvo que recibió Su aliento de vida y nadie lo puede vencer.

Cuando decimos que Él es quien lo puede todo, estamos aceptando que Él nos puede defender de cualquier amenaza o adversario. Su poder es capaz de mantenernos de pie ante cualquier adversidad para llenarnos de valor.

Él es nuestro refugio inquebrantable. Si nosotros fuésemos pollitos, la sombra de sus alas son lo suficientemente fuertes para resguardarnos de cualquier peligro, sea cotidiano o inusual.

Si estuviéramos ante un tornado o un huracán, Él Es una roca en la que podemos refugiarnos. Él es la roca firme sobre la que podemos construir cualquier edificio para que permanezca estable ante cualquier terremoto.

No existe derrota que Él no pueda vencer. Sus maravillas son asombrosas, y su fuerza prevalece y se mantiene firme.

Como Él Es quien lo puede todo, Él siempre gana.

Siempre presente

¡Pon atención Israel!

יהוה es nuestro Dios, solamente יהוה.
Amarás a יהוה tu Dios Eterno
con todo tu ser, con toda tu vida
y con todas tus fuerzas.

Yo te encargo estas palabras para que se queden en tu ser.

Las inculcarás a tus nenes,
y hablarás de ellas cuando habites en tu casa
y cuando viajes por los caminos,
cuando te acuestes y cuando te levantes.

Átalas como recuerdo en tus manos,
y que permanezcan frente a tus ojos.

Escríbelas en los marcos de las puertas de tu casa,
y en la entrada de tu ciudad

Deuteronomio 6:4-9

Él Es siempre presente. Él siempre ha sido, es y será. Por eso Él dice: "Yo Soy Quien Yo Soy".

Él no tiene principio ni fin. Él Es antes del principio de la existencia y Él Es cuando todo lo existente termine. Tampoco existió ni existirá algún tiempo donde Él no Es.

Sus atributos permanecen para siempre. Él Es Rey Soberano eterno e inmortal. Él Es siempre el mismo.

Su poder es el mismo, Su Santidad es igual, Su sabiduría es la misma, Su bondad y compasión es igual de inagotable siempre. Esto también significa que Su amor nunca termina.

No hay nadie antes que Él, ni nadie después de Él o más allá de Él.

Jesús les dijo a los judíos: "antes de Abraham, Yo Soy", y con esto les comunicó que Él Es eterno, y, por eso buscaban apedrearlo para matar su cuerpo humano.

Lo eterno no tiene fin, su opuesto es lo efímero o breve. Lo eterno es una situación amplia dentro del tiempo, fuera del tiempo y más allá del pasado o del futuro.

Su eternidad es la razón por la que Él Es Dios de Abraham, de Isaac y de Jacob, porque Él Es Dios de vivos y no de muertos.

Él Es ilimitado, Él es eterno. Él no cambia, no madura, no evoluciona ni crece, ni empeora.

Él vive siempre. Esto es muy distinto a vivir una vida muy longeva. Su vida es perpetua en todas las formas, más allá de las nociones de antigüedad o futuridad que nos podamos imaginar.

Tratar de estudiar Su eternidad es como mirar a un abismo en el que no podemos distinguir su fondo, o como cuando pensamos en el infinito matemático.

Nunca existirán computadoras que cuenten el número más grande posible, y si eso llegara a ocurrir, Dios estará más allá de dicho número, sonriendo por nuestros esfuerzos de querer captar el infinito.

Como nuestra mente piensa en función del tiempo para nosotros esto es inconcebible, pues él proviene desde más allá de lo que podemos imaginar, y llega más lejos de lo que podamos imaginar

(Sinceramente creo que todo esto que escribo no alcanza a expresar lo que quiero decir, pero supongo que precisamente, el punto es dejar claro que Él Es indescifrable, incontenible e indescriptible).

Que Él Es inescrutable, no debe ser un obstáculo o un motivo para renunciar a pensar en su eternidad. De hecho, Él quiere que nos alegremos en ello. ¡Qué maravilloso enterarnos que Él nos es favorable!

Él Es quien creó el Cosmos, el espacio, el tiempo, la energía y la materia. Él sostiene todas estas cosas, y, por tanto, estas no lo sujetan.

El paso del tiempo no le influye ni le afecta como a nosotros que lo vemos todo como una sucesión de eventos desde el pasado que está en nuestra memoria hacia el futuro que es impredecible y está por ocurrirnos.

Esto implica que Él Es presente en todo momento y en todas partes, simultáneamente.

Por su eternidad, es que la velocidad de sus acciones supera a la de la luz física.

Aunque el Cosmos fluctúe y tienda a la degradación, Él permanece intacto, nada lo deteriora ni nada lo mejora.

Aunque el clima cambie, y las temporadas se alteren, y aunque la Tierra cambie su polo magnético con el paso de los siglos, Él sigue siendo fiel y verdadero.

Algún día Él creará un cielo y una tierra nuevos, y Él seguirá siendo el mismo.

Cuando alguien dice: "Dios no existe. Creer eso no me parece inteligente" está usando el lenguaje de forma equivocada. Existir no es una característica que le aplica a Él.

El término "existir" lleva apenas tres siglos que se inventó. Dicho término refiere a algo que estaba escondido o guardado y que se manifiesta, como cuando un niño llega a existir en nuestra realidad porque nace del útero de su madre.

Él Es eterno, Él Es un ser que siempre es ahí. No es alguien que emergió de lo inexistente.

Pero no tratamos de enfrascarnos en discusiones absurdas, ni de ganar juegos de palabras con incrédulos que terminarán odiándonos si les corregimos.

Cuando decimos que Él Es, planteamos es que Él Es real y que incide en nuestra realidad, no como las caricaturas o convenciones sociales que distorsionan nuestra visión de Él.

Cuando decimos que Él Es eterno, nos referimos a que no hay nadie igual a Él, ni nada le es semejante, por tanto, no hay palabras suficientes que lo expresen, ni imágenes capaces de representarlo, ni hay manera de encerrarlo en un templo, ni en un monte, ni en edificio alguno.

Cuando decimos que Él Es eterno, no pensamos en Él como en las imágenes colectivas del Renacimiento donde es representado como un abuelito, o como el Zeus de los griegos, ni como actualmente lo colorean en los libros para niños, las películas o las historietas.

Mucho menos pensamos en Él como una sustancia amorfa y etérea, una nube o un océano que cubre el cosmos. Él no es así.

Si buscamos peras en un árbol de manzanas, lo más probable es que nos decepcionemos. De igual forma, si buscamos su Presencia real y presente para nuestras vidas, lo inteligente es buscarle apropiadamente, y es seguro que le encontraremos.

El término "presente" se refiere a aquello que es ante nosotros. Aquello que es evidente y a nuestro alcance de forma inmediata.

El presente es el ahora y este instante, actualmente.

El monte Everest, el Antártico y el planeta Saturno están presentes en este instante, pero posiblemente están espacialmente alejados para muchos de nosotros.

Algo o alguien podría estar cercano o acercándose para estar presente para nosotros.

Pensaremos en algo presente para nosotros cuando es tan cercano que puede unirse hasta la médula, hasta el núcleo o el corazón, como un pensamiento, un sentimiento, o una bacteria, o como cuando nos inunda el sueño.

Lo que está presente puede contrastarse con lo que está ausente. Cuando traemos un regalo ante una persona, decimos que es un "presente" pues lo que hacemos es avanzarlo o ponerlo a su alcance.

Algo presente es algo que podemos exhibir, proveer o hacerlo aparecer ante los sentidos de alguien.

También decimos "tengo presente a mi abuelo" cuando le recordamos o le traemos a la memoria.

Tenemos presente buenos recuerdos, como el campeonato de nuestro equipo favorito, o los favores que recibíamos de nuestros padres en la niñez.

Si decimos "te presentaré a un amigo", o "preséntame a esa persona que me gusta", o "hay que presentar al nuevo colega del trabajo" lo que en realidad queremos decir es que de toda su presencia es deseable o agradable para nosotros.

Presentamos a las personas para que se conozcan, se examinen y se perciban.

Cuando decimos "esa persona tiene una presencia agradable" normalmente nos referimos a su imagen a la aprobación, el honor, o el encanto que proyectan cuando los percibimos "de frente". Es decir, ante su rostro y en contraste con nosotros mismos.

También decimos "quiero estar presente" cuando queremos apreciar, contemplar o presenciar algo. Cuando queremos poner nuestra mirada en algo para observarlo, admirarlo o considerarlo.

Por lo tanto, estar presente es también percibir algo con los sentidos, cuando se mira algo con confianza, preocupación, de manera generosa, con humildad o claridad.

Estar presente es estar frente, o ante nuestros ojos, como cuando decimos que todas las cosas que ocurren ante los ojos de Dios.

Estar presente es tener acceso para considerar, enfrentar y encontrarnos con nuestra atención.

Estar presente es para percibir, observar, mostrarnos a nosotros mismos, pensar, ver, aparecerse, aprobar, discernir, y disfrutar.

Pero "estar presente" no es solamente para percibir algo, sino para ejercer nuestra presencia.

Como cuando un padre está presente en la vida de sus hijos, una mujer ejecutiva está presente en la conducción de sus negocios, una abuela está presente en su familia, o una mujer está presente en una habitación, un área, un país o un lugar determinado o, en una era.

Cuando decimos: "se nota que está presente" lo que tratamos de decir es que la casa se siente llena, confirmada, plena en el sentido más amplio.

Algo presente que cubre, que completa, que satisface.

Estoy presente en mi habitación. Estoy presente en mi hogar. Estoy sentado en mi oficina o mi lugar preferido en donde delibero acerca de mis asuntos.

Por lo tanto, cuando decimos que Él Es siempre presente en todas las cosas, estamos usando todas estas definiciones y las estamos aplicando a todos los aspectos de todas las formas de manera simultánea.

Permíteme presentarte un pensamiento: Actualmente se cree que existen billones de galaxias similares a nuestra Vía Láctea.

Tan sólo nuestra galaxia, si quisiéramos recorrerla desde el centro hasta una de sus orillas, nos tomaría alrededor de cincuenta mil millones de años viajando a la velocidad de la luz.

De por sí, nuestra mente humana requiere un gran esfuerzo para comprender lo que significa la distancia recorrida al viajar un año a la velocidad de la luz. Obviamente nos costará trabajo dimensionar nuestra galaxia, aunque podamos verlo en animaciones computarizadas.

Pues aún con lo difícil que nos pueda resultar comprenderlo, Él se encuentra simultáneamente en nuestra Vía Láctea, así como en la galaxia de Andrómeda, así como en la estrella Próxima Centauri y en la estrella de Betelgeuse, al mismo tiempo que contigo mientras lees este texto, y en el mismo instante en el que yo escribo estas palabras.

Su Presencia está en el calor que recibimos de los rayos del sol y en el frío polar. En la sonrisa de tu madre del día de ayer, en el vacío del espacio interestelar, en el acero de los misiles o en el plutonio de las bombas nucleares y en las lágrimas de tus tataranietos.

Él no es presente como un océano que cubre a los seres vivos del mar, ni como el ser amorfo gigantesco que se extiende más allá del Cosmos, ni como una sustancia fundamental fuente de la existencia física, y que después nos abandonó para irse por unos cigarrillos.

Él Es presente de manera personal, y se sienta en Su trono majestuoso, de quien tomamos nuestra imagen humana, con toda su atención en cada instante, en cada espacio y en cada partícula material en toda su intimidad.

Él Es quien percibe con su presencia todo lo que ocurre de forma simultánea en el cosmos y nada le queda oculto a su conciencia. Él Es imposible de excluir de ninguna ubicación u objeto creado en el Cosmos.

Pensemos que el todo el Cosmos y el espacio se desvanecen ante Su Presencia, haciendo la analogía de encender una luz que desvanece a la oscuridad en una habitación.

Él Es presente, llenando todo espacio y sustancia, y además es capaz de sentir, observar, escuchar y percibirlo todo, al instante, estar consciente de ello y dejarlo registrado en su memoria, de manera que nada le queda oculto.

Ante Su Presencia no hay algún lugar en nuestro planeta o en la atmósfera en donde nos podamos esconder de Él.

Él Es Santo y perfecto. No hay algún asunto que Él no conozca. Nada de lo que hagamos le es ajeno.

Por tanto, es imposible engañarlo o que doble su voluntad a los caprichos de alguna de sus criaturas.

Su eternidad es uno de los aspectos más hermosos de su esencia, porque lo hace infinita y maravillosamente Grande ante nuestros ojos.

Pero también es hermosa la certeza que nos da de sus promesas. Su eternidad les da sentido a sus propósitos y nos enseña que sus designios son inalterables.

Tenemos la seguridad de que Él llevará a cabo sus actos en el momento que considere adecuado, a su debido tiempo.

Las montañas pueden removerse, y los valles abrirse. Él Es el único confiable. Su amor y compasión son inquebrantables y permanecen para siempre.

Debido a que Él Es siempre presente, nosotros podemos declarar que Él Es el Vencedor, y esto también nos ayuda a entender que nada podrá evitar nuestra muerte excepto Su Voluntad y Su poder.

Justo

Feliz es la persona que no camina en el propósito de los malvados,
ni pone un pie en el camino de los delincuentes, ni se sienta con los burlones,
sino que se deleita en las instrucciones de יהוה, en Su instrucción medita día y
noche.

Llegará a ser como un árbol plantado junto a los arroyos de agua,
que producen su fruto a tiempo, que su hoja no se marchita,
y quien prospera en todo lo que hace.

No así los malvados, que más bien son como la paja que es llevada por el
viento.
Por lo tanto, los delincuentes no se mantendrán firmes ante el juicio,
ni los burlones se juntarán con los justificados.

Porque יהוה cuida el camino de los justificados.
El camino de los malvados será destruido.

Salmo 1

Condúceme יְהוָה, por el camino de tus decretos, para cuidarlos hasta las últimas consecuencias.

Enséñame a observar tus instrucciones, y seguirlas con todo mi corazón.

Dirígeme por el camino de tus mandamientos, porque son mi deleite.

Abre mi corazón a tus testimonios, y no hacia la avaricia.

Aparta mis ojos de la falsedad, pon mi vida en Tu camino.

Establece Tu Palabra en tu sirviente, quien te respeta.

Quítame la desgracia a la que le tengo miedo, pues tus juicios son buenos.

¡Cómo deseo tus preceptos! ¡Dame vida en tu rectitud!

Salmos 119:33-40

Él Es Justo.

Cuando yo era niño, leía esto y no entendía esto. Ya estaba revelado a los humanos, lo leía en las Escrituras, me lo explicaban de muchas maneras, pero yo no lo entendía.

Si un niño entendido recibe instrucción en los caminos de justicia de Él, muy probablemente los entenderá con mucha claridad. Le parecerá muy lógico que le conviene la justicia, hasta que comienzan sus vivencias y existe la posibilidad que poco a poco se aparte de Su Camino.

Ahora creo que entiendo un poco más, pero Su justicia es un conocimiento demasiado alto para mí.

Sabemos que Él Es Santo, Él Es bueno y sabio. Por tanto, sus palabras y decretos son valiosos y convenientes.

Él no necesita nada, por tanto, no entra discusión para decidir, pues nada le es oculto.

Su Palabra siempre se cumple. Él Es siempre presente.

Para nosotros podría pasar el tiempo, meses o años, y podríamos llegar a pensar que sus promesas tardan en cumplirse, pero en Su perspectiva, como Él vive más allá del tiempo, Él conoce lo que ocurre en nuestro futuro, por eso simplemente es absurdo y totalmente imposible que su Palabra falle.

Los humanos podemos reconocer y admirar sus obras maravillosas, descubrir propósito en ellas, pero no siempre podemos comprenderlas.

Ingenuamente nos atribuimos con orgullo cualidades de inteligencia cuando hacemos pensar que fue nuestra astucia y nuestro esfuerzo el que nos permitió encontrar la caja de chocolates que estaba reservada para después de comer en la cocina.

Cuando alguien nos explica algo que ignorábamos o se vuelve evidentes ante nuestros ojos, decimos que nos ha sido revelado, o que algo se nos ha sido descubierto.

Él Es Soberano. Nada lo detiene. Nada ni nadie se le resiste. No rinde cuentas a nadie.

Como Él Es bueno y lo conoce todo, y aunque nadie lo puede medir, Él es siempre mesurado y pertinente porque es un Padre amoroso, sus mandatos siempre son pertinentes, tienen la intensidad apropiada, y, por tanto, no existe abuso en Su Voluntad.

Él crea en el Cosmos y promulga sus decretos, preceptos mandamientos pronunciando, a través de Su Palabra.

Manda a la luz a existir, y existe, y de igual manera distingue y la oscuridad queda restringida.

Cuando Él dice: "Que existan las superficies entre las aguas, para separar el agua de las aguas" es porque Él establece las leyes de la física, el funcionamiento de los estados de la materia y, por lo tanto, el comportamiento de los núcleos de los átomos y de las superficies de los elementos. Esto es sólo un ejemplo de Sus decretos.

El conjunto de sus decretos es la Ley que él estableció para que el Cosmos y la vida tengan sentido y orden, con "el propósito de que encontremos propósito".

Él nos regala la capacidad de razonar estos principios que rigen al Cosmos, y hemos descubierto que existe elegancia, propósito e inteligencia en ellos y que pueden ser descritos mediante ciertas fórmulas matemáticas, aunque aún no comprendemos la totalidad del Cosmos.

Su Ley incluye lo que conocemos como la "Ley de las cargas electromagnéticas", "Ley de la gravedad", la "Ley de la termodinámica", la "Ley matemática" y son tan verdaderas, universales, obligatorias, simples, estables, omnipotentes, homogéneas y absolutas como la "Ley de amar a Dios con todas tus fuerzas" y la ley social de "amar a tu prójimo como a ti mismo".

Sus juicios siempre se cumplen, en todas partes, y en todo tiempo. Por eso decimos que Su Justicia es la realidad.

Meditemos en las leyes físicas.

Las leyes físicas están ahí. Son los principios que rigen a la energía y la materia en el Cosmos. Los seres humanos descubrimos estos principios y vivimos en ellos. Podríamos ignorar su existencia.

Podríamos intentar traducirlos en reglas que podamos aplicar para la vida práctica. Podríamos tener diversas formas de expresarlas, estudiarlas y luego interpretarlas. Podríamos inclusive cometer errores de cálculo, y de registro, de interpretación, o de comunicación, traducción y transmisión al comunicarlas. Estos errores podrían ser inclusive intencionales para inducir a otros al error o para obtener un provecho.

Siempre está la posibilidad de que la maldad humana interfiera con la ejecución e interpretación de las leyes, por lo que constantemente el humano debe hacer calibraciones y mejoras a su manera de comprender y ejecutar las leyes si lo que quiere es que su vida sea mejor.

Lo mismo ocurre con las leyes espirituales y sociales. Él Es quien establece los principios de rectitud de justicia a los que se adhieren las leyes de los seres humanos.

Su Palabra es inmutable y sus juicios son la guía para que se establezcan nuestras leyes de convivencia humana. Él habla en muchas formas, en distintos tiempos al ser humano, y nos comunica Su Ley que es siempre perfecta.

Las Escrituras nos enseñan que Él hizo una promesa a Abram cuando tenía setenta y cinco años. Luego cuatrocientos treinta años después, el Dios de Abraham, Isaac y Jacob reveló Su Ley al pueblo de Israel en el monte Sinaí, exactamente dos meses después de haber salido de Egipto.

Pensemos en los procesos políticos modernos para confeccionar leyes, con toda la tecnología, los procesos jurídicos con los que contamos. Tratemos de considerar también en los siglos de discusión y reflexión filosófica en las que se enfrascaron los griegos, egipcios, chinos, romanos y aztecas para desarrollar su cultura

Revisemos con cuidado cada uno de los Diez Mandamientos, y nos daremos cuenta de que resulta humanamente imposible que esta Ley monoteísta tan completa y perfecta surgiera de un pueblo de esclavos recién liberados de una cultura politeísta.

No sólo esto, la Ley revelada para el cuidado del pueblo judío estaba acompañada de protocolos cuidadosos, detalles claros de la construcción de un Tabernáculo, instrucciones para la convivencia humana, la celebración de la Pascua.

Además, viene acompañada de procesos simbólicos específico de ritos y celebraciones para la purificación, perdón de la maldad, restauración, protección, ejercicio de la compasión y celebración de la vida humana dedicada a establecer una relación con Él. No existe ni existirá un evento igual a este en la Historia de la humanidad.

La ley y las instrucciones reveladas por Él son perfectas, pero son demasiadas, difíciles de digerir para nosotros, e imposibles de cumplir con precisión por los seres humanos.

Nosotros sólo somos simples creaturas dotadas de conciencia que nos permite pensar, decidir, y estar conscientes de nuestras vidas las cuáles consideramos como hermosas, maravillosas y fascinantes.

Amamos nuestra vida y, sin embargo, estamos limitados físicamente, no vivimos para siempre y no somos perfectos, además de que no lo sabemos todo, ni lo comprendemos todo.

Esto permite que se cultive en nosotros el amor propio, pero también abre la posibilidad de que centremos nuestra atención excesivamente en nosotros mismos, derivando en un culto a nuestro propio egoísmo. La palabra "malvado" significa por una "vía del mal", es decir, por una vía desviada.

La desviación de nuestros pasos hacia la maldad inicia con una decisión egoísta.

Trataré de explicarlo. Somos seres muy curiosos. Nos damos cuenta de que esta vida esté limitada por nuestra propia ignorancia, entonces buscamos experimentar y probar nuestro conocimiento de las cosas más allá de nuestros límites preestablecidos.

A los humanos nos encanta resolver misterios y problemas. Nuestro anhelo es pasarlo fenomenal, llenarnos de todo tipo de experiencias placenteras, ser libres de todo tipo de límites y vivir para siempre. Dedicamos extremadamente poco tiempo a pensar conscientemente en nuestra muerte.

Todo esto es muy bueno y agradable. Nuestro problema es muy sutil. Como no lo sabemos todo, ni estamos en todas partes, presentes en todo momento, para ser testigos o comprender todas las cosas a plenitud, entonces nuestros juicios de la realidad suelen estar limitados.

Es decir, que no siempre sabremos distinguir lo que es bueno para nuestras vidas, y sólo podemos conformarnos con tener una opinión aproximada de la realidad, suficiente para tomar decisiones que nos convienen.

Si únicamente nos amamos a nosotros mismos con todo nuestro ser, con toda nuestra vida, y con todas nuestras fuerzas, sólo viviremos para nosotros mismos, y haremos lo que creemos que nos conviene para darnos una vida placentera únicamente a nosotros mismos.

Desarrollaremos mecanismos de soberbia y arrogancia con razonamientos y argumentos que creemos suficientes para proteger esta devoción propia.

Esto evitará que nos demos cuenta de que actuamos en el error o que hagamos estupideces como decidir conducir nuestras vidas desviados de los decretos de Él, esto es, transitar los caminos de maldad.

Queremos salirnos con la nuestra y que la realidad se ajuste a nuestra voluntad, por tanto, somos capaces de decidir decir verdades a medias, provocar y caer en malentendidos, echamos para atrás de nuestras palabras, engañar diciendo "Sí" cuando en realidad queremos decir "No" y viceversa, y hasta maldecirnos entre nosotros.

Si alguien nos estableciera reglas de convivencia, siempre habrá alguno de nosotros buscando la manera de interpretar la Ley y el sistema, para obtener un mayor beneficio, y que se facilite la consecución de nuestros propósitos.

Esto empieza con acciones muy pequeñas que lleva a cabo el nene más pequeñito e inocente. Son acciones apenas sutiles, secretos que nos guardamos en nosotros mismos con los que nos autoengañamos.

Nuestros juicios son siempre subjetivos y válidos para nosotros mismos, mientras nos ayuden a justificar la manera en que podamos lograr lo que queremos. No permitimos que ningún ser humano nos juzgue, nosotros usamos nuestros juicios a nuestra propia conveniencia, tratando de ignorar nuestras maldades para sobrellevar esta vida con algo de tranquilidad y paz.

Si esto se convierte un hábito sin freno, poco a poco las acciones se pueden acumular, primero con mentiras piadosas, alterando las medidas en nuestras transacciones comerciales, robando el cambio de la abuelita, mintiendo a nuestra familia, engañando a nuestra pareja, hasta convertirse en una bola de nieve y luego una avalancha de una brutalidad incontenible por nosotros mismos como un asesinato o el olvido de nuestros padres.

Así es como corrompemos nuestras vidas, determinando nuestra propia justicia. Lo hacemos todos desde que somos adolescentes, los adultos más astutos, inteligentes y hermosos, y los viejos más dulces.

Es precisamente el egoísmo que inflama nuestra arrogancia y soberbia, y que nos impide admitir que todos los seres humanos mortales somos injustos y malvados.

Mientras en Su Justicia, Él es congruente en Su Palabra con Su Espíritu, nosotros usamos el engaño y la mentira para lograr nuestros propósitos.

En cambio, Él Es el Rey Soberano más allá del Cosmos, Es Santo, Verdadero, Fiel, Valioso, Siempre es congruente con Su Palabra y está lleno de compasión que no tiene principio ni fin.

Por eso nos cuesta trabajo entender Su Justicia, y nos resulta imposible cumplir con Sus preceptos.

Acción

Espíritu

... Dijo la mujer:

"Señor, me doy cuenta de que Tú eres un profeta.

Nuestros antepasados adoraban en esta montaña,
¡pero ustedes dicen que el lugar donde uno debe adorar es en Jerusalén!"

Jesús le respondió:

"Confía en mí, mujer.

Ha llegado la hora en la que adorarás al Padre Celestial,
ya no en esta montaña ni en Jerusalén.

Tú adoras a quien no conoces;
nosotros adoramos a Quien sí conocemos,
pues el rescate viene de entre los judíos.

Sin embargo, ha llegado la hora,
y es a partir de este momento,
cuando los verdaderos adoradores
se postrarán ante el Padre en espíritu y en verdad,
porque el Padre los busca para que le adoren.

Dios es Espíritu,
y sus adoradores necesitan adorarlo a Él
en espíritu y en verdad."

Juan 4:19-24

Él Es Espíritu. Él Es Espíritu en la forma más elevada y suprema.

El Espíritu es la sustancia de la realidad, también es el principio de lo espiritual, y el núcleo de lo que es verdadero y valioso. Todo lo bueno y precioso proviene de Él.

Ahora bien, lo espiritual es muy real y tangible en nuestras vidas.

Por ejemplo, son de naturaleza espiritual las ideas, los números, el conocimiento, la imaginación, los sueños y nuestra conciencia.

Los humanos podemos pensar en ideas sin necesidad de usar palabras, pero al encontrar palabras adecuadas, podemos expresar estas ideas, y así llevar a cabo un proceso creativo a la realidad.

No sólo eso, tenemos la capacidad de desanudarlos o resolverlos mediante nuestra inteligencia para encontrarle un propósito o sentido a lo caótico, y convertirlo en algo bueno para la vida, y además encontramos especial deleite en este proceso hasta el punto de que nos obsesionamos.

Una persona que dice: "sólo yo existo, por lo tanto, sólo yo tengo propósito y el único derecho de cumplir con mis objetivos" es necia y egoísta, pues claramente vivimos miles de millones de seres humanos.

Y pienso que decir: "sólo lo que hace el ser humano tiene un propósito" sería ignorar que la inmensa mayoría de lo que hay en el Cosmos simplemente ha sido descubierto o está por descubrirse ante nuestros ojos.

Si estudiamos con cuidado las leyes y principios bajo los cuáles se rige la energía y la materia, fácilmente notaremos que funcionan de forma asombrosamente elegante, que son razonables, que permiten el orden y su comprensión por medio de la inteligencia.

Los seres humanos sólo hemos descubierto a las matemáticas, y aunque sí desarrollamos lenguajes, nosotros no construimos nuestra boca, ni diseñamos nuestros oídos, sino que más bien aprovechamos su existencia para nuestros fines.

Tampoco inventamos las estructuras de proteínas que sustentan a la vida del resto de seres que vivimos en nuestro planeta, ni mucho menos desarrollamos los océanos o el núcleo terrestre, ni a nuestro satélite natural que es la luna, ni a la estrella que es el sol al cuál orbitamos.

Si nos ponemos un poco escépticos, quizás nuestra siguiente pregunta sería:

"¿Se habrán establecido estas maravillas y principios con alguna intención o propósito?

¿El hecho de que las cosas tengan un propósito tendrá como propósito demostrar que la realidad obedece a un propósito mayor? (aunque parezca, no estoy planteando un juego de palabras)"

Los humanos conocemos bien los propósitos. Son la firme determinación de hacer algo o de alcanzar un objetivo en el futuro y convertirlo en una realidad actual.

Al proponernos algo, pensamos en ello, así como en formas de lograrlo.

Por muy simple o insignificante que parezca un propósito, no siempre es sencillo lograrlo.

Siempre se requiere un motivo, una consideración, una intención que proviene de una forma de pensar.

Es decir, que detrás de una intención hay un consentimiento, o decisión derivada de una voluntad.

Dicha voluntad (o espíritu) es necesaria para resolverse a uno mismo para consumar un propósito mediante una acción consecuente.

Al consumar un propósito, decimos que hemos llegado a su fin. Ya no será posible volver a cumplirlo, pero sí podemos plantearnos nuevos propósitos.

Al aceptar que el Cosmos tiene algún propósito, aceptamos que hay razones e intenciones para su existencia, pero además una finalidad o uso, incluyendo su consumación.

Si me he podido expresar bien hasta este punto, me cuesta trabajo creer que nuestra incredulidad pudiera convivir cómodamente con nuestra inteligencia. Es un razonamiento muy sencillo, difícil de ignorar.

Pero, así como hemos razonado que nuestro espíritu humano inspira nuestros pensamientos, motivos e intenciones, así nosotros somos inspiración de Él.

Esto es una forma de explicar que Él Es Espíritu Sabio, y que el primer nacido de su Creación es Su Palabra que es el vivo reflejo, y la impresión exacta de su Carácter.

Su Palabra resuena y le da propósito al cosmos. Su Pensamiento es Sabiduría y de Él se origina la Ciencia. Ninguna palabra conocida por el humano es suficiente para describirlo o pronunciarle, pero sus aproximaciones pueden ser suficientes para siempre maravillarnos.

Es Su Palabra la que sustenta la realidad, y, por tanto, sus decretos son irresistibles.

Él es la vida. Por su Espíritu es que nosotros tenemos espíritu, por Su aliento de vida es que estamos vivos y respiramos, Él es quien desarrolla todo hasta que alcance su madurez perfecta, y así es como exhalamos antes de morir y partir de este cuerpo destructible.

Como Él Es Espíritu, en realidad Él es la única herencia sincera y verdadera que nos queda cuando el Cosmos se destruya.

Él Es Espíritu, quien se vuelve accesible y nos busca para que podamos saludarle, darle homenaje y reverencia o respeto profundo.

La majestad de su esplendor es como la radiación que disipa cualquier oscuridad.

Él es admirable. Él es a quien nos aferramos. Él es con quien queremos estar cerca a pesar de cualquier dificultad temporal y pasajera. Él es a quien servimos por agradecimiento.

Él es quien puede ayudarnos a olvidar nuestros errores o fallas que se verían inaceptables ante su esplendor.

Él es quien se acerca para que podamos abrirle espacio en nuestra intimidad, que derribemos todos los obstáculos o distracciones para que Él habite en lo más profundo de nuestra mente y en el núcleo de nuestro carácter.

Al unirnos con Él, nos volvemos en un solo espíritu con él. Él Es Espíritu, en nosotros.

Este es el secreto que estaba escondido para la humanidad hasta que Jesucristo resucitó de entre los muertos y el cuál podemos disfrutar como ríos de agua viva, desde el día de hoy, de forma accesible y gratuita.

Él es famoso por llenar de confianza nuestro corazón. Él es quien resuelve todas nuestras dudas y problemas.

Él es Espíritu que nos vivifica. Su cuerpo no está hecho de polvo físico como el nuestro, por tanto, es invisible para nuestros ojos.

Él es el principio de la vida. Él es impronunciable e inaccesible, no tiene necesidad de explicarse, pero como Él Es Espíritu, de Él emanan la comprensión y todas las explicaciones.

A Él le pertenece nuestra vida, que se vuelve abundante mientras Él nos inunda de más vida, y habita en nosotros sin cobrarnos nada a cambio y sin Él necesitar nada de nosotros.

Más bien, nosotros le necesitamos a Él.

Sanador

> ¡Bendice a יהוה y a Su Santo Nombre!
> ¡Oh, alma mía, y todo lo que está dentro de mí!
> ¡Bendice a יהוה! ¡Oh, alma mía! y no ignores sus recompensas:
> Él perdona todas tus maldades y sana todas tus enfermedades.
> Él redime tu vida de la destrucción, y te corona de bondad y compasión.
> Él te satisface de bienes valiosos, y tu juventud es renovada para que sea como
> un águila.

> *Salmos 103:1-5*

> Recorrió toda Galilea enseñando en sus sinagogas,
> proclamando el buen mensaje del Reino,
> y sanando todo dolor y enfermedad entre la gente.

> Las noticias acerca de Él se propagaron por toda Siria,
> y traían ante Él a todos los que sufrían con cualquier tipo de enfermedad,
> dolores agudos, endemoniados, los que tenían convulsiones,
> y los afligidos por parálisis, y Él los sanó a todos.

> Grandes multitudes lo buscaban tanto de Galilea, Decápolis (en Siria),
> Jerusalén, Judea y de más allá del río Jordán.

> *Mateo 4:23-25*

Los hombres se acercaron a Él diciéndole:
"Juan el Bautista nos envió a preguntarte: ¿Eres Tú el que vendría, o
esperamos a otro?"

En esa misma hora sanó a muchos de enfermedades, aflicciones,
y de espíritus malvados, y les dio la vista a muchos ciegos.

Entonces les contestó a ellos:
"Vuelvan para informarle a Juan lo que han visto y escuchado:
Ciegos reciben la vista, cojos caminan, leprosos quedan limpios, sordos
escuchan,
muertos son despertados, el buen mensaje es proclamado entre los pobres.
¡Felices son quienes no tropiezan por mi causa!"

Lucas 7:20-23

Nota: La primera vez que escribí este apartado fue con tal brevedad y de forma tan estéril que a mí mismo me asombró que rápidamente quería saltarme al siguiente tema. Luego caí en la cuenta de mi cobardía e impaciencia para extenderme en el tema del dolor.

Te pido compasión, sólo puedo acercarme a este tema desde el uso de la razón, lo poco de mi experiencia personal, y con la ayuda de la valentía que proviene de Su Espíritu.

En ningún momento pretendo sugerir siquiera que entiendo el dolor por el que estés pasando, mucho menos que dejes de sentirlo. Sólo soy un compañero tuyo en el servicio. Las siguientes líneas son lo mejor que Él me permitió investigar y reflexionar al respecto. Si alguna de estas ideas es nueva, fue totalmente involuntario de mi parte, pero espero que te sean de consuelo y te brinden fortaleza.

Él Es nuestro Sanador. Él Es el principal Médico. Él Es nuestro Reparador.

Él nos restaura. Él perdona nuestras maldades. Él renueva nuestros corazones rotos y cicatriza nuestras heridas del alma. Él da fortaleza y regenera los sistemas de nuestro cuerpo físico.

Él es como la sopa caliente que nos prepara nuestra madre al llegar a casa después de un largo viaje.

Él Es el Mecánico que construyó nuestro corazón como un motor, y tiene todas las piezas para repararlo, dejarlo andando y funcionando a la perfección (¡o para cambiarlo si se volvió de piedra, por uno completamente nuevo de carne!)

Él nos reconforta como un vaso de agua potable en el desierto que nos tiene deshidratados.

Él Es maravilloso.

En su inmensa sabiduría, nos dotó de un espíritu semejante al suyo, que incluye una conciencia con la capacidad de razonar, de experimentar sensaciones físicas y sentimientos espirituales.

Así podemos tomar decisiones complejas para reaccionar o actuar, y pensar en las consecuencias de nuestras acciones, pero también vivir aspectos más profundos como soñar, o llevar a cabo funciones de la creatividad y la imaginación.

En el plano físico, nos permite la capacidad de experimentar placeres y disfrutar acciones físicas como el sexo, aspectos de las cosas como los sabores de los alimentos, los olores de las frutas y el calor del abrazo de nuestra madre.

También nos regaló la capacidad de experimentar sentimientos espirituales como la alegría, el gozo, la sonrisa, el amor en el abrazo de nuestra madre, una buena conversación, resolver problemas como ecuaciones matemáticas y lograr nuestros propósitos.

Aunque clasifico estas facultades con relativa simpleza, en la realidad, conviven entremezcladas.

Él en su inmensa sabiduría y amor, también nos regaló la capacidad de experimentar el dolor, el sufrimiento y la tristeza. Estas capacidades son buenas para la vida.

De la misma manera que Él nos concedió la capacidad de comprender la física para liberar la energía nuclear, con el propósito de que la aprovechemos, y no para crear armas que generaran dolor y destrucción.

Quiero hacer énfasis en lo que Él nos revela a través del profeta Jeremías. "Él no se complace en herir a los seres humanos o en causarles dolor". Tampoco se divierte ante la tristeza de ningún ser humano.

Ahora bien, "el dolor es doloroso" y desagradable. El sufrimiento es difícil de sobrellevar. Es una tragedia que oprime y golpea nuestra alma.

No necesitamos un diccionario para sentir el dolor, y racionalizarlo no lo alivia.

El dolor se siente como cuando se rasga un pedazo de tela. Un dolor del alma es como si se desgarra nuestro corazón.

El dolor está relacionado con la supervivencia. Los médicos lo entienden como un síntoma de una condición subyacente. Así como una inflamación, el dolor es una alarma de que algo anda mal.

Inmediatamente reconocemos el dolor y nos resulta difícil ignorarlo, a diferencia de una intención malvada que puede esconderse y engañarnos como una bestia que permanece oculta.

El dolor tiene dos características esenciales: se siente, y es desagradable.

A veces podemos distinguir un dolor físico del dolor espiritual, pero esencialmente están entrelazados.

El dolor físico podría provenir de experimentar una sensación que impacta los sentidos de nuestro cuerpo, pero también podría provenir y hasta causar un dolor espiritual, como el que ocurre con la pérdida de un ser querido, el rompimiento de una relación amorosa, la traición, el abandono, una enfermedad mental, o la intervención de otros espíritus.

El dolor varía en intensidad, que va desde los rangos de lo imperceptible, lo aceptable y hasta lo insoportable. Otro aspecto del dolor es que puede tener una duración corta o prolongarse hasta volverse crónico.

Aquí nos encontramos con la adversidad, el sufrimiento, la angustia, la agonía severa o la tribulación que podría derivar en ansiedades, depresión, resentimiento y enfermedades físicas.

El resentimiento podría terminar en amargura, es decir, un mal sabor de boca de la vida, como de putrefacción. Evidentemente algo podrido que necesita reparación.

Los humanos expresamos el dolor a través de un suspiro, el brote de lágrimas, la protesta, los aullidos, una llamada de auxilio, las convulsiones, los sobre esfuerzo, más dolores y fatiga hasta alterar nuestros sentidos o en nuestros sistemas naturales de defensa de la salud y en general, haciendo nuestra vida miserable.

Dependiendo de su intensidad, podría expresarse también como una depresión, un lamento, un funeral, un período de luto, el uso de cenizas, la rasgadura de ropas, pero también en humillación como el uso de cilicio y cenizas.

Si alguien aplica dolor a otra persona, estamos hablando de una tortura o tormento. Si alguien ayuda a sobrellevar un dolor, estamos hablando de un alivio o un auxilio.

El dolor nos motiva a movernos de una situación que hace daño, para protegernos mientras sanamos y para evitar experiencias similares en el futuro.

El problema del dolor es que nos causa enojo porque nos muestra que hay algo mal en este mundo, y que las cosas no están marchando como deberían ir.

Como el dolor es una alarma de intensidad de que algo está mal, es un error esperar que nos ayude a explicar el origen de este mal.

En el reino de Dios se sabe que el dolor es inherente a vivir en esta vida que está llena de sobresaltos, persecución y sinsabores. Las Escrituras nos muestran con ejemplos precisos de los padecimientos de quienes especialmente fueron escogidos por Él.

Además, se nos instruye a desarrollar la compasión por los demás para llorar con los que lloran, y se nos advierte a quienes estamos demasiado cómodos en esta vida de no descuidar nuestra relación con Él para no tener que sufrir en la vida venidera.

En contraste, los humanos enseñan que el dolor es un castigo kármico. Si alguien sufre, es porque seguro se lo merece de una u otra forma. De hecho, la palabra "pain" o "pena" proviene del griego *poinē* que significa "retribución o castigo".

La sospecha sería que, así como duele cuando te golpeas por accidente, entonces tu dolor espiritual es la consecuencia de tus acciones del pasado, inclusive de los actos que cometieron tus ancestros.

Como si el dolor fuera una medida de culpabilidad, la creencia humana es que hay que suprimir el dolor pues es indeseable, y si una persona sufre mucho es porque cometió una gran maldad que no ha reconocido, que no es lo suficientemente espiritual, o que no se tiene suficiente fe.

Pero sabemos que Jesús fue crucificado con crueldad y brutalidad. Que Él fue abandonado por sus amigos más cercanos en el momento en el que más los necesitaba.

Entonces, si Jesús experimentó tal sufrimiento en la cruz ¿acaso Él no oraba lo suficiente? ¿Acaso no era lo suficientemente espiritual?

Como Jesucristo sufrió en la cruz, podemos descartar con facilidad el engaño de los que dicen que "los dolores y el sufrimiento existen porque Dios no nos ama".

También, el sufrimiento de Jesús en la cruz nos ayuda a reconocer que, aunque una conducta malvada nos puede atraer sinsabores, dolor y amargura, el dolor que sufrimos no necesariamente proviene de nuestra maldad.

Pero he aquí una maravilla:

Él nos ha creado con la capacidad de sufrir, pero Él también se hizo hombre y ha sufrido con nosotros, así que Él no es indiferente a nuestro dolor y tampoco está distante de nuestro sufrimiento.

Él experimentó el máximo dolor que un humano puede sufrir diciendo "Dios mío, Dios mío, ¿por qué me has abandonado?" y tres días después salió victorioso sobre la muerte. Así que, Él puede ponerse a nuestro lado en nuestro sufrimiento y susurrarnos a nuestro espíritu con gentileza para decirnos: "Sé cómo se siente".

No estamos solos en nuestro sufrimiento. Él nos da fuerzas de donde nosotros no podemos sacarlas.

Aunque el dolor fuese fuerte, Dios es más fuerte. Aunque el sufrimiento fuese real, Dios es más real.

Él es la vida abundante. Él une los huesos secos, restaura los ligamentos y les sopla vida para que vivan. Él nos da esperanzas de que mañana puede ser mejor.

El sufrimiento podría envenenar tu corazón y llenarlo de amargura o ansiedad.

Las humillaciones, engaños, abandonos o maltratos del pasado podrían anidar amargura en nuestro corazón.

Guardar ira como un hábito se traduce en un espíritu de amargura, que es tan común que hay quienes piensan que es una forma natural del ser humano.

La amargura se encuentra en personas que se quejan constantemente, contagiando a otras personas con su molestia, generando conflictos en todos lados. También se detecta en una persona que abusa de los placeres como las sustancias, la comida o el sexo para ocultar su dolor por el abandono y la traición.

Una persona llena de amargura no perdona fácilmente y pone las situaciones en términos de blanco y negro. Sólo pasa el tiempo repasando eventos que le causaron dolor, lo que les llena de desesperación y angustia.

La amargura genera confusión porque están mezclados el enojo, la tristeza y la decepción de manera profunda en el corazón. El malestar por el engaño y la traición se hunden en la persona que sufre la amargura hasta dañarlo más derivando en la destrucción propia.

La amargura se aprovecha del egoísmo para atormentar a una persona con su propio dolor y sufrimiento. Una persona así está enojada consigo misma y está esclavizada por su propia amargura que tiene muy bien racionalizada y justificada.

La amargura en el carácter débil deriva en odio y en la sed de venganza, que provoca el ánimo de crear confusión y decepción en los demás, sintiéndose mejor porque hizo a otros sentirse peor. Esto quita recursos valiosos, genera tensión, dolor innecesario, debilidad del cuerpo, adicciones, depresiones y hasta cáncer.

Por otra parte, una obsesión excesiva en el futuro podría llenarnos de miedos, que derivan en cobardía, misma que engendra a la ansiedad.

Un cobarde no tiene convicciones ni agallas. No tiene fortaleza para enfrentar las consecuencias de sus actos.

De la cobardía casi nadie quiere hablar. A nadie le importan los cobardes en ninguna de las historias épicas, entonces no se habla de este tema.

La cobardía es capaz de destruir a la humanidad. Por la cobardía es que las familias, empresas, gobiernos y pueblos enteros pierden su valor y se corrompen hacia el colapso y la destrucción puesto que caen en vicios, falsedades y miedos.

La cobardía es algo que tenemos que enfrentar, porque hay demasiado en juego en las relaciones humanas y en cualquier organización como para darnos el lujo de ignorar sus consecuencias.

La forma más obvia de demostrar la cobardía está en el comportamiento. La cobardía no tiene género. Hay mujeres y hombres cobardes. Tampoco tiene edad. Hay jóvenes y viejos cobardes.

Un cobarde no se atreve a confrontar los motivos, situaciones, ideas o razones por las que está asustada o molesta y prefiere ignorar esta situación.

Una persona cuyo corazón se acobarda tomará el camino fácil cuando todo se ve difícil y feo.

Te acobardas cuando sabes que tienes qué confrontarte a ti mismo, pero prefieres aplazar el pensamiento, aunque te duela la garganta, tengas una punzada en el corazón o te duela el estómago.

Huir de esta responsabilidad sólo va a hacer las cosas más graves, incluyendo que buscarás todo tipo de excusas para racionalizar tu parálisis, tus inseguridades y demostrar por qué no hiciste lo correcto ante el miedo.

Cobardía no sólo es huir de tus deberes. Hay personas que nunca tendrán las agallas para luchar por las cosas en las que creen porque son cobardes.

Un cobarde es aquel que renunció a luchar con vigor, que no hace su trabajo con alegría y que dejó de tomarse en serio su vocación o mandato como si se tratar de una obligación personal.

Una persona cobarde es aquella que no tiene el valor para hacer las cosas que deben hacerse y que pocos asumen la responsabilidad porque son incómodas o peligrosas.

Tanto la amargura como la ansiedad son situaciones espirituales que pueden derivar en dolores y enfermedades en nuestros cuerpos físicos.

Ahora bien, pensemos por un momento en el dolor físico.

Si entreno un deporte, el dolor de mi cuerpo por la fatiga y el sobre esfuerzo, me hace concluir que es momento de dejar a mi cuerpo descansar.

Si por un accidente en la madrugada golpeo mi dedo meñique del pie con un mueble, el dolor será intenso y mi primera reacción será un fuerte suspiro o un gemido, quizás seguido de un aullido, o para reprocharme, ya sea por imprudentes de no haber encendido la luz para ver bien por dónde ando, o por mi descuido de no haberme puesto un zapato para protegerme.

El dolor anuncia que algo anda mal. Quizás el dolor paralice mi cuerpo por unos instantes. Entonces hay que detenerse a revisar el estado del dedo meñique, para asegurar que está en buena condición y que pueda seguir con mi propósito inicial.

Quizás el golpe fue tan fuerte que comienza a salir sangre, se rompió algún cartílago y necesito atención médica, por lo que clamo por auxilio.

Sin el dolor, probablemente ya habría roto ese dedo meñique desde hace tiempo.

(Incluso me atrevo a afirmar que, sin el dolor, los más despistados y soñadores seguramente ya habríamos perdido gran parte de nuestros cuerpos, incluyendo órganos vitales, e inevitablemente habríamos muerto desde hace tiempo. Quizás no es como me decía mi madre que "no pierdo la cabeza porque la tengo pegada", sino más bien porque ciertamente me dolería mucho perderla.)

En este caso, el aullido es una alarma para que alguien cercano pueda darse cuenta de que experimento dolor. Sería la oportunidad para recibir compasión de esa persona y que me pudiera auxiliar. Quizás esta persona me llevará con un médico para que me examine.

Lo primero que hará el doctor hará preguntas y tomará medidas: "¿Qué pasó? ¿Cómo te pegaste? ¿Te duele cuando te toco este dedo? ¿Y este otro? Haré una radiografía de tu pie. Fue muy grave el golpe. Vas a necesitar una férula por seis meses."

Gracias a que sentimos dolor y que podemos comunicarlo, es que se puede atender el problema.

Nadie se debería alegrar del dolor, y ciertamente a Dios no le gustó para nada que haya sufrido un accidente.

Sin embargo, si observamos con cuidado, quizás nos daremos cuenta de que no fue el dolor insoportable en sí, sino la capacidad de experimentar el dolor la que encendió las alarmas, de forma que podíamos tomar una acción correctiva.

Y fueron los efectos y las consecuencias del dolor, las que nos facilitaron la toma de decisiones para recibir el auxilio adecuado.

Algunos podrían pensar que la vida sería relativamente más simple (más no fácil ni mucho menos deseable), si fuéramos las únicas personas sobre la tierra, pues sólo tendríamos qué cuidarnos de los dolores físicos causados por nuestros descuidos, nuestras decisiones tontas, y de los accidentes en nuestra interacción con los eventos de la naturaleza en el Cosmos, sin tener qué tratar con el dolor y las molestias que nos generan el resto de los seres humanos.

Esta quizás es una de las razones por la que los adolescentes se encierran en sus habitaciones, o los más viejos escapan de la sociedad para vivir como ermitaños.

Pero desde que nacemos, formamos un tipo de sociedad con nuestro padre y nuestra madre, y, por tanto, es evidente que los seres humanos somos sociales por naturaleza.

Cada persona tiene la capacidad de tomar decisiones de cómo piensa acerca de Dios, y, por tanto, razonar cómo se relacionará con Él y actuar acorde con esto.

Esto influyera en la manera en la que esta persona ve a sus semejantes e interactúa con ellos, en la manera en la que acomoda su sistema de valores, principios y prioridades, y, por tanto, en la manera en la que se conduce en la realidad material para obtener lo que se propone, incluyendo satisfacer sus necesidades.

En cuanto a Dios, una persona tiene la capacidad de decidir apartarse de Él, y vivir para sí misma. Como una criatura que decide que es mejor vivir independiente y apartado de su Creador, en busca de vivir su tan ansiada libertad, fuera de Su justicia y de los estatutos que Él estableció, porque considera que no son buenos ni perfectos, y que en todo caso le limitan para hacer lo que le venga en gana.

No es mi intención ensañarme con las escenas que nos permiten los adolescentes, pero algo como lo que sigue lo hemos visto muchas veces:

> Un papá que ama a su hijo. Un hijo que quiere ir a una fiesta juvenil donde es obvio que todos saben que habrá todo tipo de excesos, aunque el hijo trata de ocultarlo para conseguir el permiso. Una disputa incluyendo los términos y libertades de horario incluidos en el permiso.

> La escena es una danza de voluntades. El padre quiere ver a su hijo crecer y desarrollarse. Claro que quiere que su hijo se divierta. Se preocupa por el bienestar de su hijo. Muy en su interior le alegra ver cómo su hijo muestra carácter, así como que aprenda a defender sus creencias, y a ejercer su capacidad de decidir. Puede verse a sí mismo en una escena idéntica hace unos años pidiendo permiso a su padre.

El hijo anhela su libertad, independizarse, abrirse paso en la vida para madurar.

El padre está disfruta esta interacción y la conversación. Obviamente no se alegra en que su hijo se porte grosero, y no le gustaría verlo sufriendo la consecuencia de sus malas decisiones. ¿Tendrá amistades viciosas que lo pudieran manipular a tomar decisiones tontas?

El hijo azota la puerta para encerrarse en su cuarto. ¿Cómo se atreve a desconfiar de mí? ¡Esas reglas que está poniendo son absurdas! Llegando el momento, ni siquiera las voy a obedecer. No sabe lo importante que es esa fiesta para mí, porque ahí estará la chica que me gusta. Odio sus reglas absurdas. ¿Cómo se atreve a restringirme de esa manera? ¿Cómo se atreve a juzgar a mis amigos sin conocerlos? Mi vida sería mucho mejor si no se entrometiera en ella, lo odio, lo odio a él y odio a todos los que están en esta casa. Es más, aunque me niegue el permiso, en cuanto se descuide me escaparé de la casa para ir a esa fiesta.

En el caso de nuestra relación con nuestro Padre Celestial esto es dramáticamente más polarizado.

Por una parte, porque Él Es nuestro Creador. Es Santo. Además de que Él Es el Rey Soberano, Él Es Bueno, Es justo, sabio, lo ve todo y es siempre presente, en todas partes.

Además, Él llena nuestras vidas de riquezas abundantes constantemente, y regala bendiciones que nos dan suficientes razones para que reconozcamos que sus juicios y preceptos son siempre buenos y justos, por lo tanto, Él disfruta interactuar con nosotros, pero no entra en contienda o discusión con nosotros.

En el otro extremo estamos nosotros, que escogemos una rebelión más intensa, y en algunos casos más sutil, engañosa y civilizada que la del hijo adolescente.

Quizás ya no somos tan infantiles para expresar nuestro odio con lloriqueos y pataleos. Pero en la realidad, conforme desarrollamos más habilidades útiles para el engaño y la confusión, podemos llegar a ser mucho más groseros, insolentes, ingratos, implacables y definitivos que el adolescente de nuestra escena.

Algunos de nosotros quizás nunca fuimos agresivos para entrar a una discusión similar con nuestros padres, pero no por eso significa que no seremos pasivamente agresivos con nuestras decisiones de rebelión contra nuestro Padre Celestial.

Si decidimos que una relación con Él no es lo que nuestra vida necesita, entonces buscaremos nuestros propios caminos y nuestra propia justicia. De antemano podríamos llegar a admitir que nuestra voluntad no es perfecta, pero finalmente diríamos que es nuestra.

Seguiremos aterrados ante la muerte, pero para sobrellevar esta carga, nos inventaremos nuestros propios engaños compuestos por artificios, distracciones, y símbolos para no pensar en ello. Un reino propio que podemos construir, y si es posible, expandir para imponer a los demás.

Como Él aparentemente ya no está en nuestras vidas, lo único que nos queda es vivir el día de hoy lo mejor que podamos y sacarle el máximo jugo a la experiencia de vivir bajo nuestras propias reglas.

"No necesitamos que se entrometa. Él se siente perfecto, y, por tanto, no sabe lo que se siente ser humano. Me basta con lo que puedo ver, y para mí sólo existe lo que me puedo llevar a la panza. Si nos creó, seguramente se fue por unos cigarrillos, y nos abandonó en este mundo cruel y hostil. No necesitamos sus cuerdas. Hagamos nuestro propio cielo aquí en la tierra y seamos nuestros propios dioses".

Apartados de Dios, llevar una vida para nosotros mismos y nuestros placeres sería la prioridad.

Bajo esta forma de pensar, de construir nuestros propios caminos, sería lógico que para lograr nuestros propósitos usáramos a los demás como objetivos o medios para lograr nuestros fines.

Sería justificable bajo nuestra propia ética formada por esta manera de pensar, que los actos de bondad fueran meramente utilitarios o por conveniencia, y en caso de que sintamos que legalmente nuestros límites personales han sido vulnerados, quizás lo mejor sería recurrir a la administración de nuestra propia justicia por medio de la venganza.

Una persona que vive bajo sus propias reglas, y su propia manera de ver la justicia, en busca de reconocimiento, poder y ejerciendo sus ganas de vivir, podría llevar a cabo acciones en sus semejantes que voluntaria o involuntariamente les lastimen y les hiera.

Como menciona C.S. Lewis: "Si las personas pudieran escoger volverse malvadas, usarán esta posibilidad para herir a los demás".

Si sumamos esto en un sistema humano, donde miles de millones de personas piensan de esta manera, tratando de ponerse de acuerdo para sobrevivir en este mundo físico por medio de la violencia, daría como consecuencia una competencia encarnizada por los recursos, donde los miserables no pueden escoger, sálvese quien pueda, y es tonto quien no aprovecha las circunstancias de tomar ventaja.

Una civilización humana compuesta por voluntades separadas de Dios para seguir sus propios caminos se convierte en una máquina capaz de esclavitud, dolor, cobardía, ira y sufrimiento.

Esta sería una explicación de cómo la inmensa mayoría de los dolores y opresiones que sufrimos humanos se realizan por los mismos seres humanos.

Somos los humanos los que diseñamos sistemas económicos con los que explotamos a otros humanos.

Nosotros somos quienes armamos compañías para fabricar armamentos y cadenas, imponemos grilletes, construimos y financiamos prisiones, declaramos guerras y obtenemos frutos del sufrimiento humano.

Aunque la solución a este problema de raíz es simple, es difícil de ejecutar en la realidad para los humanos, pero para Dios todo es posible.

El adolescente de nuestro relato finalmente se escabulle de la casa y se va a la fiesta.

Todos sabemos que esta fiesta era una orgía de placeres, en la que se podía experimentar desde la glotonería, el disfrute sexual desenfrenado, música emocionante, contar historias hilarantes, participar de juegos divertidos, y del abuso de sustancias intoxicantes.

Como era la primera vez que nuestro joven lograba este tipo de hazañas, le pareció a bien contradecir lo que pensó que era el prejuicio de su padre, e irónicamente rechazó los intentos de sus amigos de ofrecerle probar ciertas drogas, decisión que sus amigos decentemente respetaron.

El ruido de la fiesta se prolongó hasta altas horas de la noche, y los vecinos se impacientaron, por lo que llamaron a la policía, exagerándolo todo, acusando a los organizadores de hacer un escándalo y, sembrando la sospecha de que entre los invitados había drogadictos y traficantes de drogas.

Llegó la policía de sorpresa a la casa de la fiesta. Entre la confusión y el desorden, encontraron que en algunas habitaciones había presuntos menores de edad sosteniendo relaciones sexuales con adultos.

Algunos en la fiesta jugaban juegos de azar, y entre risas fueron detenidos. A otros se les encontró drogas prohibidas entre sus ropas. Los que no alcanzaron a escapar fueron detenidos y llevados esa madrugada al ministerio público para investigarlos y determinar responsabilidades.

Nuestro adolescente, aunque no participó de ninguna de estas actividades, torpemente no pudo escabullirse, y en cuanto lo agarraron se declaró inocente, comenzó a gritar que él no había hecho nada en realidad, mientras lo subían a la patrulla y le decían que guardara silencio.

Al llegar al ministerio público, esa misma madrugada, le dieron derecho al muchacho de hacer una llamada, sí, a su padre.

Esta situación parece sacada de película mal escrita y dirigida, pero es sorprendentemente común, y en nuestro caso útil para ilustrar.

El problema es aún más complejo en nuestro caso.

Lo queremos pasar fenomenal, estamos indispuestos a abandonar nuestra rebeldía, creemos que seguimos teniendo la razón, y haremos todo lo humanamente posible para estar a la defensiva y no bajar las armas que sostienen nuestra aparente libertad e independencia.

Un sermón no será suficiente para llamar nuestra atención y que corrijamos la manera de ver el asunto.

Como buenos adolescentes nos justificaremos diciendo que no hicimos nada malo, de lo contrario estaríamos todavía tras las rejas (aunque sabemos perfectamente que no estaríamos en esa situación de no haber desafiado a nuestro padre).

Ante la señal más mínima de reproche, nosotros construiremos más fosas con pirañas, escudos y lanzas y hasta dragones, con tal de defender nuestro castillo de egoísmo inflado, así como cuando un niño malcriado patalea, llora apasionadamente, grita y vocifera que matará a todos los que se oponen a sus ilusiones.

Lo que es peor, no necesitamos de un evento fuera de lo común para que nos sostengamos nuestra rebelión.

Mientras todo vaya relativamente bien, nuestra maldad y estupidez pueden fácilmente convivir dentro de nosotros por mucho tiempo sin que pensemos que nos incomodan, que no deberían estar ahí, o siquiera detectarlos.

Si el placer está disponible en abundancia, hasta podríamos minimizar su valor y darlo por sentado.

Mientras nuestros ídolos se sientan rico, podemos convivir con el problema.

Mientras nos sintamos bien con nosotros mismos, podríamos estar hundiéndonos en un barco, y ni siquiera sospechar que hemos cometido una maldad o una tontería.

Así que, mientras todo vaya bien, se volvería muy difícil concluir que lo necesitamos a Él.

Como decía C.S Lewis: "Mientras nuestra propia vida nos parezca agradable, no se la entregaremos a Él". No moveremos un solo dedo para ceder en nuestra opinión un solo milímetro al respecto.

Así es, a menos que el problema nos incomode. A menos de que estemos ante una circunstancia inmediatamente reconocible e imposible de ignorar. Qué tal un dolor que destroce nuestra ilusión de que todo está bien.

Una alarma que nos avise que hay algo que debemos enfrentar y corregir.

Una circunstancia que detone un cambio en la manera en que vivimos nuestras vidas, que, dicho sea de paso, en nuestra opinión nos hacía "pequeñamente felices".

¿Será posible que Él piensa que nuestra "pequeña felicidad" es un estorbo para la abundante felicidad que Él ha preparado para nosotros, en esta vida y en la venidera?

Te pondré un ejemplo que hace poco escuché de mi pastor Andrés Spyker: "Él no quiere que pases la experiencia de un mal sexo escaso y mecánico. Él quiere que tengas el mejor sexo, más íntimo e increíble de tu vida"

Entonces sucede lo lógico.

Como cuando éramos nenitos y nuestros padres nos decían: "esto me va a doler más a ti que a mí", quizás nuestro Padre, en su amor inagotable, tendrá que tomar la dolorosa decisión de aplicar un correctivo para disciplinar nuestro carácter y enderezar nuestra rebelión.

¿Dios disfruta de causarnos tristezas? No.

¿Dios quiere que tengamos tristezas? Las Escrituras enseñan que sí. El tipo de tristeza que causa nuestro arrepentimiento, el tipo de dolor que nos hace cambiar de parecer y de opinión.

Ahora bien, Él tiene muchas maneras de corregirnos. Una forma es estorbarnos para que no podamos acceder a nuestros falsos ídolos. Quisiera echar mano de un ejemplo:

"Podría ser que mi "pequeña felicidad" está en esa casa que construí a base de tanto esfuerzo, años de sudor y lágrimas por soportar jefes crueles en mi actual trabajo.

No me he dado cuenta de los grilletes de esclavitud en la que estoy sometido en ese trabajo. Siempre digo que nunca tengo tiempo para nadie, y por las tardes estoy muy cómodo disfrutando un pedazo de pizza en mi casa mientras veo un maratón de películas.

Entonces pierdo mi trabajo. Se enferma mi hijo. Se incendia mi casa.

Algunos se preguntarán: ¿Por qué le pasan estas cosas siendo que es una buena persona? Es honrado, trabajador, buen padre de familia, aparentemente no le hace daño a nadie, es ahorrador y obediente con sus jefes. ¡Y le pasan estas cosas horribles!

En cambio, vemos cómo el vecino misterioso, todos los fines de semana está de fiesta. Por las noches entran mujeres hermosas a su casa, y por la mañana de ahí salen hombres armados hasta los dientes. ¡Cada día aumentan sus bienes y hasta acaba de ampliar su casa!

¿Por qué dicen los creyentes que Dios es bueno? ¿Y si Él es bueno, por qué ha sido injusto? ¿Por qué le pasan cosas malas a la gente buena?"

Si pensamos de esta manera, entonces quisiéramos que Él interviniera de inmediato conforme a nuestros prejuicios.

Conforme a nuestras maldades, esperaríamos que Dios se convirtiera en nuestro sicario, y que al instante obligara a los malvados a lamentar sus actos.

Conforme a nuestra justicia humana, quisiéramos ver ya, que de alguna manera las acciones se encadenaran indirecta o directamente, para hacer experimentar a otros el dolor que nosotros sentimos cuando pasamos por injusticias.

Al examinar las Escrituras, caeremos en la cuenta de que pensar de esa manera, sería pensar equivocadamente.

Ahora bien, concentremos la atención en el sufrimiento del hombre "justo", expuesto en el ejemplo anterior.

Aquel que piensa que es feliz, pero en quien existe la posibilidad de que Él piense que su "pequeña felicidad" es un estorbo para que sea realmente feliz.

Algunos sienten simpatía por mi dolor, porque se sienten identificados.

Movidos a compasión, se acercan para llorar conmigo y me ofrecen auxilio.

Ninguno me reprocha ni me acusa. Por el contrario, varios salen en mi defensa y organizan peticiones de oración.

Los más valientes y arrojados venden algunos de sus bienes y me regalan ropa en buen estado que les sobra. Otros organizan colectas y eventos de caridad para ayudarme a sobrellevar esta carga de la tragedia que me ha sobrevenido.

Debido a estas buenas obras, en la tragedia y en lo estéril, Él muestra su inmensa compasión produciendo buen fruto en todos nosotros, dándonos oportunidad para que se encienda una luz y que alumbre nuestras vidas.

Entonces todos reconocemos la bendición del tesoro de la Iglesia que él instituyó en este mundo y lo alabamos y bendecimos. Vemos cómo la Iglesia cumple su mandato de dejar mejor el mundo que como lo recibimos.

Durante los siguientes meses que muchas manos me ayudaron a reconstruir lo arruinado, he puesto mi esperanza y mi confianza en Él. Le hablo a mi familia de Él, y de las grandes maravillas que hace constantemente por mi hogar.

Cuando me frustra el pasado, lo cambio por acción de gracias, y cuando me llega la tristeza, la sobrellevo buscando cantos de alabanza a Él.

Me involucro en las actividades de oraciones por los enfermos, igual que cuando oraron por mi hijo, y comienzo a apartar tiempo para bendecir a otros.

Con el paso del tiempo, me han ayudado a encontrar un nuevo trabajo, más bien, me han facilitado emprender un negocio que siempre he querido iniciar. Poco a poco las cosas se renuevan. Hace unos meses de la tragedia y parece que estoy mejor que antes.

C.S. Lewis es mucho más elegante que yo, y explica una historia similar que dura un par de días. Pero da igual que sean horas, meses o años. Lo cierto es que, en relatos similares, por un espacio de tiempo de nuestras vidas, ¡Él nos tuvo en Sus manos! Y nosotros disfrutamos de Su presencia reconociendo sus bondades.

Nuestro miedo a la destrucción nos llevó a sus pies, curó nuestras heridas y nos reparó.

Él nos lava y nos limpia, pero en el primer descuido, en cuanto todo mejora y se nos olvida, salimos corriendo para volvernos a ensuciar en la porquería de nuestros ídolos y en el estiércol de la monotonía de la vida moderna.

Por tanto, pienso que lógicamente Él diría algo así como:

> "¡Pero qué cabeza tan dura! Teniéndome a Mí, que lo lleno de vida abundante ¡prefiere postrarse ante su comida y su dinero!
>
> ¡Qué corazón de piedra! Pudiendo aceptar Mis brazos de amor inagotable, ¡prefiere ir detrás de las pasiones de sus amantes que lo explotan y lo llenan de insatisfacción!"

Esto no quiere decir que debamos privarnos de los maravillosos placeres que Él nos permite disfrutar, o renunciar de disfrutar los regalos, bendiciones y riquezas abundantes que Él nos da para maximizar la experiencia de nuestras vidas. Más bien, como sugiere el salmista, que lo alabemos, le agradezcamos, y no ignoremos que los beneficios provienen de Él.

También, hay que enfatizar que en ningún momento se alienta el sufrimiento ni mucho menos sugerir que sea deseable.

Ahora supongamos que hablamos de un tormento. Un dolor intenso que parece que nunca termina.

Él nos ha creado con la capacidad de experimentar un dolor horroroso, probablemente en la magnitud del mal del que quiere alertarnos, y no porque Él quiera que pasemos por ello.

Nos referimos a un dolor prolongado. Que se extiende demasiado, como una aguja aguda e insoportable.

Pensemos en el dolor de Job, en el que no existe siquiera tener relación de causa-efecto.

Job, un devoto de Dios. Demasiado justo para cometer maldades por las que no se hubiese arrepentido, un dolor inexplicable que se intensifica con el paso de los días y las semanas.

Es tal la desesperación que ya ni siquiera pedimos una explicación, y es tal la intensidad de nuestro dolor que mejor pedimos que se termine nuestra vida de una vez por todas, porque ha llegado a ser insoportable.

En efecto, una explicación no aliviará nuestro dolor, y en este caso ni siquiera me atrevería a pretender una respuesta.

Sólo puedo compartir contigo la respuesta final del mismo Job, registrado en las Escrituras, quien tampoco recibió una explicación de su dolor:

"Sabes que Tú eres el Vencedor sobre todas las cosas,
y que no entiendo tus propósitos.

¿Quién es este que oculta el consejo con palabras ignorantes?
Ciertamente yo hablé de lo que no entiendo,
de lo maravilloso que no conozco.

Escúchame por favor para que pueda hablar. Te busco y te
muestras.
Mis oídos ya habían escuchado de Ti, pero ahora mis ojos te han
visto.
Por lo mismo, he cambiado mi forma de pensar. Me consolaré
entre el polvo y las cenizas."

Las últimas palabras de Job en el relato no quitaron su dolor. Job no recibió razones de su dolor.

Job ya no pidió ninguna explicación. Le bastó con darse cuenta de que su dolor y sufrimiento le permitieron verlo a Él. Se consoló al darse cuenta de que su dolor lo llevó a conocerlo a Él.

Además, cambió la manera de ver su situación. Antes, él quizás pensaba que era una persona justa, y que él no había dado ningún motivo para experimentar ese sufrimiento, seguía Sus instrucciones al pie de la letra, pero el problema central es que en realidad Job no tenía una relación con Él.

Incluso, el último verso sugiere que, aunque no había actuado con maldad, en la profundidad de su ser escondía cierta arrogancia que no había notado hasta que Él demostró su ignorancia.

Job había vivido en su "pequeña justicia" sin experimentar una relación íntima con Él, y fue precisamente su sufrimiento lo que se convirtió en el punto de entrada para que Él mostrara su poder, y Job pudiera disfrutar una verdadera relación con Él.

No es que Job necesitara una explicación para su dolor, es que Job siempre lo necesitó a Él.

De la misma manera, quizás no siempre necesitamos comprender por qué sufrimos, ni las razones que causan nuestro dolor.

Él Es siempre mejor que lo creemos que necesitamos, y nuestras preguntas acerca de nuestro dolor no son tan importantes cuando Él Es la respuesta.

Ahora bien, para los espectadores, quizás como expone C.S. Lewis "la pregunta que nos deberíamos hacer no es ¿por qué sufren los justos?, sino más bien ¿por qué hay justos que no sufren?"

Por último, en este tema, examinaremos más delante algunos aspectos de la justicia de Dios, pero me gustaría enfatizar que Él conoce las intenciones de nuestros amigos, enemigos y adversarios que nos acusan, nos persiguen, nos injurian y nos afligen.

Él lo ve todo y lo conoce todo. Él no es como los humanos para jugar apuestas con la vida de las personas, pero usa las intenciones malvadas en nuestra contra para mostrar su poderosa bondad.

De ninguna manera estoy diciendo que salgamos al mundo a lastimarnos o a buscarnos problemas. Tampoco estoy glorificando los dolores y las aflicciones.

Lo único bueno del sufrimiento es la posibilidad de que detone en nosotros un cambio en nuestra forma de pensar, y que quienes nos rodean sean movidos a compasión.

Si siempre estuviésemos feliz, sin la posibilidad de experimentar sufrimiento, tristeza o tribulación, quizás nos costaría trabajo valorar el gozo, la paz y el amor.

Si Dios nos forzara a amarlo por obligación como autómatas o robots, sin poder escogerlo entre el dolor y el sufrimiento, entonces posiblemente no podríamos experimentar el verdadero amor.

Es en el dolor en donde los amigos nos unimos en oración y nos convertimos en hermanos. Donde la compasión nos mueve a llevar a cabo buenas obras.

Es por el dolor y la persecución que la Iglesia sale del encierro de sus templos para propagar la buena nueva hasta los confines de la tierra.

Es por el dolor que no basta con escudriñar los detalles de las Escrituras si no ponemos en acción las buenas obras y salimos a orar por los enfermos o hacer justicia a los desprotegidos.

Gracias a su amor inagotable, Él transforma las situaciones desfavorables en oportunidades para mostrar su fuerza poderosa, las maravillas de su bondad, y sus actos de justicia.

Es decir, que Él se vale de las maldades de los hombres, con o sin su consentimiento, y del sufrimiento que se genera de los accidentes para traer frutos buenos abundantes, y sacar lo mejor de nosotros.

Él de hecho, nos dice en las Escrituras "mi poder se perfecciona en la debilidad" y en otro apartado "que los dolores son pruebas de fe para que produzcamos paciencia".

Entonces, ¿podría ser que Él, de alguna manera estuviera complicando nuestras vidas con adversidades para mostrarnos por medio del dolor, que hay deficiencias en la manera en que hemos decidido vivir nuestras vidas, antes de que las verdaderas consecuencias terminen por destruirnos?

¿Cabrá la posibilidad de que Él piensa que deberíamos destruir a nuestros falsos ídolos y nuestro propio egoísmo para ver con claridad, y mirar sin estorbos Su maravilloso rostro, y que por eso nuestra vida es un poco menos dulce de lo que quisiéramos?

Ahora bien, si me permites una indiscreción, piensa en alguna historia que valga la pena ser contada o escuchada en donde no hubiese dificultades o sufrimientos. Te daré mi opinión, ¡Son aburridas! ¡Son una pérdida de tiempo! ¡No enseñan nada!

En realidad, historias así no nos edifican ni nos hacen mejores personas. Ni siquiera los juegos de entretenimiento fáciles valen nuestra atención por mucho tiempo.

Trata de hacer un ejercicio de conciencia de tu vida hasta el momento. Quizás muchos de los aprendizajes que han valido la pena de tu vida ocurrieron a través del dolor propio o de terceros.

Las historias con cicatrices son las que nos demuestran que ante la adversidad podemos salir vencedores. Son demostraciones de que cuando todo está oscuro, la historia no se terminó ahí, sino que siempre podemos confiar en que Él nos de la salida milagrosa.

Las heridas y cicatrices en el cuerpo celestial de Jesucristo resucitado de entre los muertos, nos dan la esperanza y la certeza de que Él venció al sufrimiento y al dolor, y que como lo aseguró, Él tiene el poder para levantarnos después de la muerte para que vivamos con Él.

Hay personas que, entre broma y broma, se molestan por la historia de Adán y Eva en el Edén.

Señalan con ironía: ¡Si Dios fuera bueno, no habría permitido que Adán se acercara siquiera al árbol del conocimiento del bien y el mal! ¡viviríamos todos en el paraíso, y nos habríamos ahorrado todo el sufrimiento y dolor de este mundo tan cruel!

Estos pensamientos no son inteligentes, en primer lugar, porque dedicar demasiado tiempo en pensar con resentimiento en acciones del pasado es una pérdida de energía.

En segundo lugar, porque lamentarse por un pasado tan remoto es absurdo y la exageración de lo que ocurrió podría generar amargura en nosotros

En tercer lugar, porque de no haber existido ese pasado, probablemente nosotros no viviríamos.

Gracias a que las cosas son como son, es que tú naciste, y es la manera en la que Él sabía que llegarías a la existencia.

Pero presta atención. El futuro será mejor. El Edén era un paraíso maravilloso donde Adán convivía con Él, como su Padre Celestial, su Señor Altísimo, Rey Soberano, Santo, Bueno, Todopoderoso.

Sí, se veía muy divertido el Edén desde aquí, y seguramente para Él esto era bueno, pero queda claro que Él quiere que vivamos algo mejor que el paraíso.

Por supuesto que Él Es Todopoderoso, y no hay duda de que puede esconder de nosotros todas las cosas como los árboles de la ciencia y de la vida eterna.

Pero he aquí una idea que sacó lágrimas de mis ojos la primera vez que la conocí, y que ahora cada vez que pienso en ella llena mi corazón de gozo.

Es gracias al error de Adán y Eva, que tendremos nuevos cielos y nueva tierra.

Entonces Él ya no será solamente nuestro Padre Celestial y Rey Soberano, sino que viviremos para siempre con Él como nuestro Salvador, Redentor, Amigo, Amante y Esposo en la Jerusalén Celestial.

Allí Él nos secará toda lágrima de los ojos, y no habrá más muerte ni tristeza ni llanto ni dolor. Todas esas cosas ya no existirán más.

Él es Vencedor sobre todas las cosas, nos vuelve a demostrar cómo nos apresuramos a hablar de cosas que no entendemos.

El dolor, el sufrimiento y hasta la maldad de los seres humanos juegan un papel central que Él aprovecha para manifestar su amor inagotable para con nosotros.

Ahora bien, en una porción de los evangelios Él concluyó que: "La verdad es que no me buscan porque vieron mis maravillas, sino porque pudieron comer su porción de pan".

Esto no es un reclamo, ni Jesús está triste o molesto porque somos convenencieros por naturaleza.

Él no es altivo ni orgulloso como el ser humano. A diferencia de nosotros, Él no pone la vara tan alta para esperar que nos acerquemos con las intenciones más puras.

Como diría C.S. Lewis, "Dios se humilla para conquistar". Él no se va a detener en amarte porque recurras a Él sólo como último recurso cuando todo está perdido.

Claro que sabe que eso no es lo más lindo, o lo más puro de tu parte, y quizás te lo llegue a señalar para que sepas que Él ya sabe esto. Pero en todo caso, eso no le estorba para amarte.

Su amor es celoso y feroz. Él toca a la puerta de nuestro corazón, esperando que nuestro orgullo se descuide un poco y que bajemos por un instante la guardia para entrar.

Si te diste cuenta de que tus ídolos son vanos e insuficientes, y decides regresar a Él, Él saldrá corriendo a tu encuentro para recibirte, y te abrazará fuerte, para que te quedes a cenar con Él.

Quizás por eso es más indulgente con los que saben que le necesitan, que con los que, en su orgullo y egoísmo, no somos capaces de entender que no entendemos.

Pero para una criatura arrogante y soberbia, ser vencida por medio de maravillas que alivian y sanan el dolor y el sufrimiento, quizás resulte humillante al caer en la cuenta de que el Galileo se vale de semejantes estrategias para derribar a nuestros ídolos falsos.

Por lo tanto, cuando Él nos demuestra que es necesario someter nuestra la voluntad ante Él, poner nuestra "pequeñita felicidad" ante sus pies, probablemente lleguemos a sentir que nos pide demasiado.

Quizás esto implicaría un dolor difícil de sobrellevar, a menos que sea con la ayuda de su poder Redentor.

Termino con una Escritura que encontramos en la carta a los hebreos, y que no requiere explicación:

"Pongamos nuestra atención en Jesús, el príncipe y perfeccionador de la fe, quien por la alegría que había frente a Él, soportó la cruz, los insultos y la vergüenza, y se sentó a la derecha del trono de Dios.

Consideremos al que soportó tales hostilidades por parte de personas desviadas, para que no nos enfermemos ni que se debilite nuestro corazón perdiendo aliento. Luchemos contra la maldad, resistamos hasta la sangre.

Hemos olvidado la enseñanza que explica que somos sus hijos: "Hijo mío, no subestimes el entrenamiento del Señor, ni te debilites cuando Él te disciplina, pues el Señor educa a aquellos que ama y reprende a todos los que Él recibe como hijos."

Soportemos la disciplina; Dios nos conduce como hijos. ¿Qué hijo no es disciplinado por su padre? si te quedas fuera de la disciplina de la que todos participamos, entonces eres ilegítimo, y no su hijo.

Además, tenemos un padre físico que nos instruye y que respetamos. ¿No deberíamos entregarnos mucho más al Padre de nuestro espíritu y nuestra vida?

Nuestra disciplina es por poco tiempo, bajo nuestro parecer, pero la Suya es para nuestro beneficio para que podamos disfrutar de Su Santidad.

Ninguna disciplina implica alegría cuando ocurre, sino que es dolorosa. Sin embargo, luego produce una cosecha de rectitud para aquellos que fueron entrenados por ella.

Por lo tanto, fortalezcamos esas manos suavecitas y esas rodillas débiles."

Salvador y Redentor

Te aseguro que escucho el lamento de los hijos de Israel
quienes han sido esclavizados por los egipcios
y tengo muy presente el pacto que tenemos,
así que llévales este mensaje a los hijos de Israel:

"Yo יהוה, los sacaré a ustedes del yugo egipcio que los tiene oprimidos, y los
liberaré de su esclavitud.

Yo los rescataré a ustedes extendiendo mi fuerza, y mediante poderosos actos de
juicio.
Yo los tomaré como mi pueblo y
Yo seré su Dios.

Me conocerán como su Dios יהוה
Quien los sacó del yugo egipcio que los oprimía.

Yo los conduciré para que entren a la tierra que
Yo pacté entregarle a Abraham, Isaac y Jacob.

Yo se la daré a ustedes en posesión.

Yo יהוה."

Así que Moisés les transmitió esto a los hijos de Israel,
pero su espíritu estaba quebrantado
por la cruel esclavitud a la que estaban sometidos,
y no quisieron escucharlo.

Éxodo 6:5-9

Ciertamente un nene ha nacido para nosotros,
un hijo nos ha sido consagrado,
el gobierno estará sobre sus hombros.

Y proclamaron su nombre:

"Maravilloso Consejero.
Poderoso Dios.
Padre Eterno.
Príncipe de Paz."

Isaías 9:6

Él Es nuestro Salvador. Él Es quien nos rescata de nuestras opresiones y de nuestra esclavitud.

Él es nuestro Redentor. Me gusta pensar en Él como el Señor de los contragolpes.

Él Es Santo, Él Es bueno y Sus Juicios son perfectos, por lo tanto, también Su Ley es perfecta.

Nos hemos dado cuenta de que a veces es difícil comprender Su Justicia, y preferimos abrir nuestros propios caminos para conducirnos a lo que creemos que nos conviene más, y además pretendemos justificar nuestra conducta por medio de razonamientos y argumentos.

Si hacemos lo que nos viene en gana de forma egoísta sin considerar Sus caminos y Su Ley, claramente transgredimos Su Voluntad.

También a veces creemos que estamos haciendo Su Voluntad, cuando claramente nos resistimos a ella, como si quisiéramos hacer lo que Él nos muestra, pero a nuestra propia manera.

Nos volvemos imitadores de la Verdad, en lugar de hacedores de la Verdad. Esta es probablemente la más peligrosa de las maldades, pues aparentamos una realidad que no es, y podríamos inclusive llegar a autoconvencernos de nuestros propios engaños, pero Él ve con claridad lo más profundo de las intenciones de nuestro corazón.

Ahora bien, si nuestras ganas están en cumplir Sus decretos y estatutos también nos daremos cuenta de que es imposible lograrlo con nuestras propias fuerzas.

Esto se debe a que probablemente no lleguemos a comprender la totalidad de sus estatutos.

Por ejemplo, en la física, aunque conozcamos la fórmula de la teoría general de relatividad que explica una gran parte del comportamiento de la luz en el Cosmos, observaremos que hay situaciones que a lo mejor no se comportan exactamente como esperamos, o que tenemos conocimiento de situaciones de las que aún no encontramos una explicación total.

Lo mismo pasa con la Ley de Dios. Esta es perfecta, funcional, universal, pero podríamos estar cometiendo errores de omisión, de apreciación, de interpretación o inclusive podríamos estar estudiando errores humanos de traducción. ¡Sería imposible que algún ser humano mortal diese cumplimiento a la Ley que es perfecta!

Como Él Es Santo, es decir, no tiene mancha ni error, es muy hermoso y maravilloso, pero, además, Él Es Justo, por lo que esto lo hace inaccesible para nosotros que practicamos la maldad.

En Él no hay maldad, ni habita la corrupción.

Su Ley nos explica que, si pudiéramos acercarnos a Él por nuestras fuerzas, jamás podríamos acceder ante Su Pura Presencia sin que seamos exterminados por medio su Justicia.

Al ignorar por omisión o por comisión las leyes que rigen el Cosmos y la vida no nos eximen de experimentar sus consecuencias.

Casi todos entendemos la existencia de la Ley de la Gravedad, y a todos nos aplica, aunque la neguemos, incluyendo a la materia, la energía, y todos los seres vivos, aunque no entendemos la constante gravitatoria hasta el momento. En este sentido, nuestra imperfección no evita que experimentemos sus efectos o consecuencias.

Sabemos que si nos elevamos en un salto en la Tierra tiene como consecuencia que regresaremos al piso, y también entendemos que todos los seres humanos, al nacer, aunque disfrutemos de una larga vida, experimentaremos el límite de nuestra vida, que es la muerte tarde o temprano. A esto algunos inclusive lo llamamos "Ley de Vida".

La muerte en este sentido de límite a la vida nos obliga a no vivir como locos, sino a tomar precauciones y consideraciones que nos permitan preservar nuestra integridad para conservar nuestra vida.

En este sentido, buscaríamos lo bueno y valioso, lo que fortalezca nuestra condición como la riqueza o la salud para nuestras vidas, y procuraríamos evitar lo doloroso, lo malo, lo que nos haga daño o nos ponga en una frágil situación como la pobreza.

Esta búsqueda, ante la convivencia con otros, es regulada por la misma Ley, creando derechos y obligaciones para nosotros.

Como Él Es Justo, entonces la Ley no es ignorada, sino que se cumple a cabalidad porque Él es Fiel para cumplir con Su Palabra.

El tiempo pasa, crecemos, envejecemos y nuestro cuerpo físico tiende al colapso y a la degradación, y no podemos detener este ritmo de cambio.

Cuando una vida está en peligro o tenemos algún miedo desterminado, nos gustaría esperar, experimentar o testificar excepciones a estas leyes que llamaremos maravillas o milagros.

Aunque es muy cotidiano, nos maravilla desde la Antigüedad observar cómo al sembrar una semilla, surge una planta, y, por lo tanto, en todas las civilizaciones guardamos la esperanza de que un milagro similar ocurra ante la muerte, que después de ser sembrados en la tierra después de la muerte, podamos rebrotar.

Todos los seres humanos sufrimos un miedo terrible a la muerte. Es un pánico tan intenso a la destrucción que preferimos no pensar en ellos, lo que nos trae mucho dolor, ansiedad y sufrimiento, y, por lo tanto, buscamos maneras de anestesiarlo por medio de engaños.

Una vida que está dentro de un Cosmos abundante en recursos, pero en decadencia, con un cuerpo que envejece aterrorizado por la muerte, nos somete a una vida llena de confusión, obligaciones, tormentos y sufrimientos.

Sabemos que la vida tiene propósito como hemos razonado. Pero si estos fueran completamente ocultos para nosotros, y la vida sólo consistiera en nacer para experimentar sufrimiento, probar ciertos placeres como la comida, la bebida y el sexo, y luego morir para caer en el vacío permanente de la muerte, entonces irónicamente tendrían razón los negacionistas de la razón y el propósito. Pero ante las evidencias y el razonamiento, es mejor no dedicar tiempo en discutir necedades.

Sabemos que la vida está llena de propósitos que los podemos detectar en el lenguaje, en nuestra conciencia y en los principios de la Justicia o el electromagnetismo que descubrimos que rigen el Cosmos.

Sabemos que Él Es Santo y Justo, y que no poder acceder a Él, sino a una destrucción permanente después de una vida llena de sufrimiento y dolor, es suficiente castigo para una criatura dotada de conciencia como nosotros.

Nuestra imperfección en una vida sin Él nos condena a una esclavitud que oprime nuestras vidas, y nos empuja a los brazos de nuestros errores, y de nuestra maldad que es la búsqueda de lo que creemos que llenará nuestra insatisfacción.

En otras palabras, sin Él sólo somos esclavos de nuestro pánico a la muerte que en cierto sentido es superior a nosotros por cuanto es inevitable, y sin contar con principios y propósitos en Él, sólo somos arrastrados por nuestras pasiones como la paja es llevada por cualquier viento.

Pero la esclavitud o servidumbre ocurre cuando alguien somete su voluntad en obediencia para llevar a cabo un trabajo dedicado, beneficiando a alguien que consideramos superior. El esclavo queda atado a su amo, ofreciendo lealtad, devoción, responsabilidades y deberes.

La esclavitud tiene su base en el sometimiento por el reconocimiento de una deuda por una pérdida que ocurre por la superioridad del amo, y la duración se da por el tiempo que esta condición perdure, que podría ser una vida entera o hasta que se pague una compensación o que ocurra un rescate por parte de alguien más fuerte o poderoso.

Nuestras vidas son el producto de nuestras decisiones, o como escribió el apóstol Pedro "una persona es esclava de aquello a lo que se somete".

Por ejemplo, en el caso que nos ocupa, cultivar el egoísmo para satisfacer nuestras propias pasiones es el origen de nuestra maldad nos hace esclavos de la maldad.

La maldad es dar pasos en falsedad, dentro de una conducta equivocada, desviada o corrupta debido a que se abrazan principios falsos y engañoso, por tanto, también podemos afirmar que la maldad tiene una naturaleza espiritual.

La maldad es la conducta de alguien que está confundido, generando más confusión a su paso, y la maldad, como hemos razonado nos causa pérdidas, porque es desagradable, defectuosa, cruel y dañina para nuestras vidas, lo que nos hacen esclavos de la muerte.

Si no existiera la maldad en esta vida, difícilmente los enunciados anteriores tendrían sentido. Pero por medio de este razonamiento, se puede detectar que el ser humano tiene un enemigo que constantemente lo acusa, pretende ponerle en evidencia y le trata de confundir.

De acuerdo con las Escrituras, se trata de una criatura en forma de serpiente, mortal, en estado salvaje, menos perfecto que el humano, pero con astucia e inteligencia, que está engañado, y que enseña a los hombres a engañar, seducir, burlar y hacer trampa.

Por tanto, es fácil que una persona engañada se vuelva hacia caminos de maldad.

Su egoísmo les hace pensar que es su deber elevarse por encima de "la mediocridad de los demás", y así lograr ser siempre recordado, viviendo por siempre sin tener qué experimentar la corrupción.

Esto explica todos los esfuerzos que realizan estas personas para intentar escalar una posición política o social acompañada de reconocimiento, admiración y atención de otros para confirmar su experiencia de vida.

Es fácil odiar o sentir resentimiento por algo que se considera de inferior categoría, si se convierte en un obstáculo para nuestros propósitos.

Esta frustración por su propio terror a la muerte es el razonamiento de los adoradores de las mentiras, y combinada con un poder violento y brutal, de forma tumultuosa e incontenible, puede generar mucho dolor a otras personas.

Ahora bien, algunos tratarán de evitar todo contacto con la muerte por el pánico a ella, y preferirán obedecer a sus propios engaños o ídolos falsos para evitar caer en el olvido después de su inminente muerte. Anestesian el dolor a la muerte por medio de espejismos que también son un camino de maldad, porque los ídolos no son más que una negación de la realidad que nos lleva a más confusión, errores y perversidad.

Entonces, sin Él, estamos rodeados y perdidos. Algunas personas se vuelven esclavos del egoísmo y de sus pasiones malvadas, esclavos de la muerte y esclavos de sus ídolos y engaños. Esto, sin considerar que en nuestra modernidad aún se practica la esclavitud física hacia otros humanos para la explotación económica.

En el caso de la esclavitud espiritual, en lugar de grilletes, cadenas o dolores físicos por azotes, se usan drogas, amenazas, y chantajes para esclavizar a las personas.

La esclavitud no siempre se logra mediante la abducción o por la fuerza, sino que se puede inducir por medio de la seducción.

En los casos más complejos se usan trucos mentales, engaños y falsedades de manera que el esclavo ni siquiera se ha dado cuenta de que ha sido sometido, pero que ha sometido su voluntad al extremo de la esclavitud por parte de sus ídolos.

Somos esclavos de nuestros hábitos, y de las fijaciones que genera nuestro cerebro con la liberación de sustancias como las drogas, el café, el sexo, o los chismes.

Por ejemplo, el hábito de gastar libera toxinas en el cerebro. Hacerlo por encima de lo que ganas, te lleva a endeudarte, lo que compromete tus ingresos del futuro, forzándote a quedarte en un trabajo que no te gusta.

Podríamos volvernos esclavos de la maldad si nos permitimos seducir por sus engaños.

Por ejemplo, una pasión desbordada y excesiva por alguna sustancia puede derivar en la esclavitud de una adicción. Una pasión excesiva por los placeres del sexo podría someter la voluntad de un hombre fuerte y llevarlo a la ruina por la idolatría que siente por su amante.

En esta vida no faltarán voluntades que quisieran apoderarse de nuestra voluntad para beneficiarse de sus frutos. Nos volvemos esclavos de a quien decidamos someter nuestra voluntad.

De manera que, en nuestro propio egoísmo, soberbia, celos, y envidias encontramos la esencia de la maldad que nos termina destruyendo porque nos lleva a la confusión, a la charlatanería, los odios, el engaño, la guerra y las enemistades con las demás personas que van perdiendo humanidad ante nuestros ojos.

Volvernos esclavos de la maldad nos quitará el aliento, la atención y el tiempo. Nos mantendrá inclinados y humillados en confusión y aflicción.

Podríamos encontrarnos en cautiverio y esclavitud voluntaria viviendo vidas que sirven para la diversión, el sexo y el trabajo fastidioso, y en apariencia creer que somos libres.

Al convertirnos en objetos productivos propiedad de quienes nos explotan, perdemos nuestra humanidad.

Mediante el engaño, una persona puede convencerse a sí mismo de que el esclavo, o en este caso objeto, es peligroso y culpable de su debilidad que lo mantiene como esclavo, para justificar su opresión.

Así es como esta persona es capaz de afligir a otro, retirar condiciones de dignidad humana como el vestido, la comida, sus posesiones e identidad para dificultarle su escape o que se rebele contra sus ahora dueños.

Bajo esta óptica, la severidad, la crueldad, la ferocidad y la intensidad de las acciones que dificulten la vida del esclavo no son más que instrumentos necesarios para mantener el sometimiento, por lo que se comienzan a aplicar sin remordimientos.

Esto justificará también una conducta grosera, cruel, despiadada, de corazón duro, pretenciosa y obstinada.

Esto también justificará la búsqueda de optimizaciones en el proceso de esclavitud como la confiscación de bienes, la negación del salario, la violencia, la humillación, los azotes y las vejaciones.

Luego vendrán los trabajos forzados. Los yugos para llevar a cabo tareas simples pero dolorosas como el acarreo de agua o materiales. Las cadenas, los grilletes y los estorbos, los azotes y golpes físicos y emocionales, aplicados con crueldad, por el puro placer o divertimento.

El propósito de todo esto es la desvalorización humana. Vencerlo hasta la médula, derrotarlo y convertirlo en un ser inferior a un estado miserable.

Convertir al ser humano en basura. Devorarlo, molestarlo, y consumirlo hasta la muerte. Muerte física, pero preferiblemente una muerte espiritual.

La víctima es un idólatra que ha decidido someter su energía y su trabajo, voluntariamente, pero en el fondo también quiere convertirse en ídolo. Puede perder su salud, su integridad y su propio respeto creyendo que está haciendo lo mejor para sí mismo. Esto le genera una inmensa cantidad de nuestras ansiedades, angustias, enfermedades, alucinaciones, fantasías, ilusiones y deseos insatisfechos.

Aquí es donde se encienden las alarmas. Para esto sirve el miedo en realidad.

Podemos quebrantarnos y perder las esperanzas.

Podemos darnos cuenta del sometimiento al que estamos tratando de ser sometidos (si no es que ya lo estamos).

Podríamos perdernos en la angustia de la depresión porque no encontramos la salida.

Pero también podríamos abrir los ojos a la realidad y darnos cuenta de que en verdad no podemos lograr la hazaña de librarnos de esta esclavitud por nuestra cuenta.

Aquí es precisamente cuando en las noches de angustia, con lágrimas en los ojos, clamamos por auxilio. Gemimos entre nuestras sábanas ante lo insoportable que nos resulta la opresión.

¿Por qué Él permite que yo sea engañada? ¿Por qué permite que las personas malvadas prosperen mientras yo paso tantas aflicciones?

¿Quién nos podría hacer justicia? ¿Será que Él me escucha? ¿Será que Él se acuerda de mí? ¿Será que este dolor por el que estoy pasando está en su soberana voluntad?

¿Hasta cuándo me hará justicia? ¿Podré lograr zafarme de esta esclavitud? ¿Podría Él llegar a mi problema con Su maravilloso Poder para poner orden ante tanta confusión? ¿Podría Él sanar mis angustias y mis preocupaciones? ¿Podría Él librarme del engaño de mis opresores?

Entonces dijimos que Él Es Santo, y Él Es Justo, pero otra parte, Él tiene otra característica que es Él Es Amor, Él Es Bueno y nos brinda su compasión inagotable. Su Amor no contradice Su Ley, por el contrario, Su compasión inagotable es un Fiel cumplimiento de Sus Estatutos.

De no ser así, nuestras vidas de todos los seres humanos, sin excepción, estarían condenadas a la destrucción y desaparición, que conocemos como la muerte, que es el castigo codificado en la Ley para todo aquello que es malvado e injusto.

Él Es Santo, nosotros malvados. Él es Justo, nosotros injustos. Él es Eterno, nosotros mortales. Él Es Todopoderoso, nosotros muy limitados. Él Es Amor y quiere una relación estrecha e íntima con nosotros, que somos egoístas y soberbios y creemos que nos conviene apartarnos de Él para encontrar nuestras propias formas de ser felices.

Entonces Él buscará maneras de llamar nuestra atención, pues le gustaría que la relación fuese mutua, voluntaria y que nuestra entrega fuese total.

¿Cómo se resuelve este problema? Pues de raíz.

Cuando Él liberó al pueblo de Israel de su esclavitud física que se manifestaba con gemidos y dolor por la opresión de las cadenas y grilletes, lo hizo mediante el uso de la fuerza física y mediante obras maravillosas.

Él Es Salvador y Redentor porque es capaz de hacer lo mismo ante la esclavitud espiritual. Después de librarlos de la esclavitud física, tuvo qué purificar su corazón en el desierto para luego cumplir su promesa de introducirlos a la tierra que les había prometido.

Como hemos dicho, si el más justo de los hombres mortales se dedicara a cumplir la ley, su imperfección e ignorancia le impedirían cumplirla perfectamente, y, por tanto, el final de su existencia sería la muerte permanente.

Nosotros creemos que sólo Él tiene poder para resolver este asunto. Él Es nuestro Redentor, quien tomó las riendas de la Historia, y nosotros sólo decidimos añadirnos o sumarnos a su magnífico plan.

¿Quién conoce mejor a la Ley que quien la decretó?

Entonces Él se hizo hombre, habitó entre nosotros con una vida perfecta e intachable para cumplir la Ley que nosotros jamás podríamos cumplir, y las profecías que habían anunciado su llegada a la humanidad.

¿Y si nuestros propios engaños, y nuestras propias formas de vivir nos tienen atrapados?

Entonces Él se hizo hombre, para enseñarnos la manera de interpretar Su Ley, y para explicarnos la manera de vivir y tratar a nuestros semejantes.

¿Y si es nuestra maldad la que nos separa de Él?

Entonces Él se hizo hombre, y aun siendo más fuerte, paga con su sangre y con una muerte cruel e inmerecida, el rescate por todos nosotros, de una sola vez y para siempre.

Sin derramamiento de sangre no se hace remisión. Si la semilla no es plantada, no surge la planta.

¿Y si el terror a la muerte nos mantiene esclavos?

Entonces Él se hizo hombre para morir y vencer a la muerte resucitando de entre los muertos, acto que ningún hombre mortal ha podido lograr por sus propias fuerzas.

No es que Él venga a alterar las reglas. Es que Él mediante Sus actos maravillosos les da cumplimiento a las leyes, y renueva sus pactos para con el ser humano.

De manera que Él ya ha dado solución al problema principal de donde se originan nuestras angustias y dolores que es el terror a la muerte.

¿Qué cosas te preocuparían más que el miedo a la muerte? ¿Qué es lo que te está impidiendo a que recibas el bautismo en Su nombre?

Si Él venció a la muerte, tú también lo harás. ¿Qué te podría hacer el hombre si Él Es contigo?

Asumiendo que has aceptado recibir Su bautismo:

¿No te ha sustentado Él hasta el día de hoy con su maravilloso poder?

¿Ya prestaste atención con más detalles de cómo Él manifiesta sus grandes bondades, sus obras maravillosas y su asombroso poder en tu vida?

¿O estás prestando más atención a los ídolos y engaños de lo que crees que no tienes, o que crees que te hacen falta?

¿No será más bien que Él quiere desarrollar paciencia en ti?

¿O no será más bien que Él te está buscando, tratando de llamar tu atención, para que le pidas de Su Espíritu y habite contigo en lo más íntimo y profundo de tu persona?

Él Es nuestro Salvador y Redentor porque extiende su gracia para liberarnos de una confusión y de la muerte, problemas de los que jamás tendríamos manera de eludir, y también para que podamos disfrutar de su aceptación incondicional, libre de resentimientos.

Estando nosotros débiles y vulnerables, en problemas por nuestra maldad, Él Es nuestro Salvador y Redentor porque nos extiende un camino de bondad, compasión y amor inagotable.

En este sentido, es mucho mejor convertirnos en esclavos de Jesucristo que de los hombres. Porque Él Es bueno, misericordioso y compasivo.

Él Es nuestro Salvador y Redentor, pues extiende su amor de forma inagotable y nos da libertad si sometemos nuestra voluntad al servicio de su majestad y su poder.

Proveedor

Por eso te digo, no sientas ansiedad por tu vida,
ni por lo que comerás o beberás,
o por la ropa que vestirá tu cuerpo.

¿No es la vida más importante que la comida
y el cuerpo más importante que la ropa?

Observa con cuidado a las aves del cielo:
No siembran, no cosechan ni almacenan dentro de graneros,
y, aun así, tu Papá Celestial las alimenta.
¿No eres tú mucho más importante que ellas?

¿Acaso podrías agregar una hora a tu esperanza de vida tan sólo por sentir
ansiedad?

¿Y por qué sientes ansiedad por tu ropa?

Considera cómo crecen los lirios del campo:
No trabajan duro, y ni siquiera giran,
Y, aun así, te aseguro que ni el Rey Salomón
en toda su gloria estaba vestido como alguno de ellos.
Si de esta manera Dios viste al césped del campo,
que hoy es, y mañana es echado a un horno,
¿No lo hará mejor contigo, aunque tengas una fe pequeñita?

Así que no sientas ansiedad diciendo:
"¿qué comeré?" o "¿qué beberé?" o "¿qué vestiré?"
Porque los desconocidos desean intensamente todas estas cosas,
mientras que tu Papá Celestial ya sabe que las necesitas.

Pero tú enfócate en buscar primero el reino de Dios y la aprobación de Su justicia,
y todas estas cosas te serán agregadas.

Por tanto, no sientas ansiedad por el mañana,
que el mañana se ponga ansioso por sí mismo.
El día de hoy ya tiene suficientes problemas.

Mateo 6:25-34

Él Es nuestro Proveedor.

Él Es quien siempre provee con una solución maravillosa. Él Es el que ve por nosotros. Conoce nuestras necesidades de antemano.

Sus manos están llenas de abundantes riquezas. Sus acciones siguen funcionando con su majestuoso poder creativo. Sus obras son maravillosas, y sigue haciendo milagros en nuestras vidas.

Él Es el mismo ayer, hoy, y siempre. Por tanto, mantiene Su poder de multiplicar panes y peces; o de llenar vasijas con aceite.

Desde la Antigüedad, los seres humanos nos hemos organizado mediante sistemas políticos para tomar provecho de los recursos económicos que están a nuestro alcance. Ninguno de estos gobiernos se organiza fuera de la voluntad de Él.

Siempre habrá personas cuyos deseos nunca están satisfechos, por lo que siempre existirán pobres en esta vida. Nada les será suficiente.

Aunque estas personas tengan abundancia en riquezas materiales, su codicia, avaricia y soberbia los mantiene miserables, afligidos, pobres, ciegos y desnudos.

Son personas con una forma egoísta de vivir.

Un rico material podrá tener siempre pan abundante y delicioso en la mesa, un medio de transporte lujoso, muchos sirvientes a su disposición, los vestidos más hermosos y las casas en los lugares más exclusivos, pero su insatisfacción evidente, y su miedo a la muerte, a la incertidumbre del futuro en el que podrían perderlo todo por una mala decisión, o a que sus hijos desperdicien lo que tanto trabajo les costó construir, no le permiten disfrutar de una vida de respeto y dignidad.

Una vida llena de angustias es adversa, apretada y muy angosta.

Actualmente, la gran mayoría de los humanos vive con pobreza material. Esta situación también está acompañada de la incertidumbre que genera el hambre, la desnudez y la sed. La escasez de estas provisiones por la existencia de temporadas de sequías, plagas y desastres naturales son también fuertes necesidades que nos hacen ver que siempre existirán pobres en esta vida.

Ante el terror de la pobreza (que deriva en la paulatina aniquilación del cuerpo, y la eventual destrucción del alma), es natural que surjan los acaparadores, especuladores, y quienes sólo busquen acumular recursos para tratar de garantizar su futuro.

Él, en su infinito amor, ha decidido no convertirnos en autómatas sin conciencia, más bien, Él busca que crezcamos en madurez y aprendamos a relacionarnos entre nosotros con generosidad, amor y respeto mutuo.

Así que constantemente interviene en el sistema humano para agrietarlo milagrosamente, y asegurarse que los más pobres y desposeídos siempre encuentren una manera de obtener alimento, ropa y refugio.

Él Es nuestro Proveedor, y nos da múltiples y abundantes maneras de resolver el problema de la pobreza en este mundo.

En primer lugar, la demostración lógica de que tú tienes mucho más valor ante Sus ojos que cualquier objeto inanimado, como galaxias, estrellas o átomos de cualquier elemento en el Cosmos (llámese oro, plata o piedras preciosas).

No sólo eso, también tienes más valor ante Su mirada que cualquiera de las criaturas que pudieran existir (sean plantas, reptiles o aves), que, aunque son maravillosas, su hermosura no se iguala al amor que Él tiene por ti, y si Él provee para todos estos seres, definitivamente está viendo que a ti no te falte nada de lo que necesitas, aunque tu fe sea pequeñita.

Por lo tanto, no existe una sola razón por la que te debieras sentir que no vales, o que eres insuficiente.

Permíteme explicártelo, aunque parezca redundancia. Eres suficiente ante los ojos de tu Papá Celestial, el Creador del Cosmos, Altísimo Rey Soberano que sí, lo conoce todo y lo ha visto todo.

Sí, Él Es Dios de Abraham, Isaac, Jacob, David, Daniel e Isaías y de miles de millones de personas. Pero para Él, tú eres irrepetible, eres una absoluta maravilla y además Él está muy orgulloso de ti.

Y sí, y al final de los tiempos tiene preparada una piedrecita blanca, y en ella está grabada tu nombre nuevo, que sólo Él y tú conocen.

No te preocupes, no te angusties, ni porque te faltan riquezas ni porque tienes demasiadas riquezas.

Para la pobreza de los ricos, Él no quiere perderse una relación con ellos, ni que sus riquezas les estorben para conocerlo a Él.

Desde tiempos antiguos al ser humano le encanta crearse ídolos falsos de oro, como si las riquezas materiales pudieran salvarles del olvido y la aniquilación.

Pero Dios no quiere que te conviertas en una persona egoísta, orgullosa y malcriada, o en un acaparador que sin vergüenza explote a sus hermanos.

Él recomienda que los ricos materialmente, no se aferren a sus riquezas que son polvo y que serán carcomidas por las polillas.

Él Es quien les pide comprar oro refinado de Él, esto es sabiduría de Dios que consiste en apartarse de la maldad, del orgullo y la soberbia.

También les aconseja comprar ropas blancas de Él, que son de lino blanco y puro de la más alta calidad, el cual representa las buenas acciones del pueblo santo de Dios. Esto es porque al que más se le da, más se le exige.

Así que, si tú deseas ser rico materialmente, considera que en aquel día que Él te llame a cuentas, ciertamente te exigirá más a ti que a los demás.

Para el pobre material (y también al pobre espiritual), la recomendación es que se vuelva rico en su fe antes de buscar la riqueza material. Es mucho mejor tener poca ropa, o poca comida, que tener poca fe en Él.

La vida es más importante que ellas y la clave está en no cultivar la angustia, mucho menos un corazón egoísta, miserable, desnudo o vacío.

Es un error aborrecer a la pobreza. Es mucho mejor tener un corazón humilde y agradecido con Él, que tener un corazón altivo que menosprecie a nuestros semejantes.

A veces la pobreza es necesaria para no sentirnos autosuficientes. Para poner nuestra mirada en Él y aprender a ser agradecidos con su bondad.

Siempre habrá pobres en el mundo, pero recuerda que los pobres de espíritu son los más felices, porque el reino de Dios les pertenece.

Todos los regalos que Él nos da, y las riquezas que nos permite atesorar no son lo mejor de esta vida, sino agradarle a Él.

Deja la ansiedad, y pon tus preocupaciones en Sus manos. La vida es más fácil si te dejas guiar por Su Voluntad. Empieza a hacer Su Voluntad y verás cómo Él te proveerá de abundantes riquezas para lograr a cabo sus propósitos en ti.

¿Su Voluntad es que pongas ese negocio para proveer a tu familia, y ayudar a los desprotegidos de tu comunidad? Entonces Él proveerá de ideas, de contactos, socios y clientes para tu negocio.

¿Su Voluntad es que escribas ese libro? Entonces Él proveerá de ideas, del guion, del mejor método, te dará señales, te mostrará en sueños y en conversaciones, y te mostrará sus secretos para que escribas ese libro que está en su voluntad.

¿Su Voluntad es que entres en esa relación sentimental con esa persona? Él la proveerá.

De por sí la vida cotidiana tiene muchos problemas y sobresaltos como para estar angustiados del futuro, por cómo sería nuestras vidas si en el pasado hubiéramos tomado tal o cual decisión, o por las cosas básicas que Él nos proveerá de forma agradable.

Hay que sacarle provecho a estas veinticuatro horas que Él nos proveyó, y no perder el tiempo divagando o con remordimientos del pasado. Mientras digamos "Hoy", todavía podemos regresar a casa.

Mientras "Hoy" ocurre, podemos acercarnos a su trono poderoso de gracia y Él escucha nuestras peticiones con atención y amor inagotable.

Como decimos que Él Es nuestro Proveedor, entonces Él nos dará esa fe que nos hace falta para que, si es que atravesamos por períodos de dificultad económica, nos mantengamos ricos y abundantes en nuestra relación con Él y con los demás.

Si Él Es con nosotros, de ninguna forma podemos permitirnos vivir avergonzados o humillados. Él Es nuestra herencia que nadie nos puede quitar, ni de la cual nos pueden separar. Él Es nuestra seguridad y no las riquezas materiales, nuestras inversiones, nuestra cuenta bancaria o cualquiera de los productos financieros.

Él no es escaso, porque es infinito y eterno. Él Es rico, abundante y llena nuestra copa hasta saciarnos.

Quizás suena como un planteamiento imposible para algunos, pero para Él, todo es posible.

Él Es quien nos derrama Su Espíritu de forma abundante a quienes invoquemos su nombre y se lo pidamos. Si Él nos llena de Su Espíritu Santo, verdaderamente nada nos faltará.

Gracias a Su Espíritu podemos experimentar regalos espirituales diversos. Algunos recibiremos sabiduría, otros la capacidad de contentarnos con nuestra situación actual, algunos más humildad y agradecimiento, a otros la capacidad de demostrar bondad de la que en otro tiempo podría parecer imposible verse de nuestra parte. Algunos podremos entender mejor lo que Él quiere comunicarnos y otros interpretarán sueños.

Esto que no se puede entender la mente animal, pero si le pedimos a Él que nos lo explique, se abre el entendimiento espiritual y todo se vuelve muy claro y evidente.

Él Es nuestro proveedor, y la invitación está extendida para aprender a ser agradecidos con Él por cada una de sus bendiciones que Él derrama en nuestras vidas.

Siempre podemos encontrar motivos para agradecerle. No podemos pensar en nuestras angustias y agradecerle a Él al mismo tiempo.

Si somos agradecidos, nos daremos cuenta de todas las abundantes riquezas que ya tenemos y que el dinero no puede comprar. Si llenamos estas veinticuatro horas de agradecimiento, nuestro día estará lleno de abundancia.

Llenar nuestra vida de gratitud porque Él Es nuestro proveedor, hará que se disipen los miedos a la pobreza. El agradecimiento a Él es la forma más eficaz de vivir en abundancia desde este instante.

La ecuación que resuelve el problema de la pobreza en una comunidad, de forma práctica, ya nos fue entregada con la institución de la Iglesia de Jesucristo.

Si escucháramos su voz, la intervención milagrosa de Su poder ocurriría de otra manera.

Sólo piensa lo que pasaría en tu comunidad si todas las personas que integramos la Iglesia donáramos una décima parte de nuestros ingresos para repartirlo entre los pobres (la imagen de Jesús en la tierra cuando estuvo en la cárcel o no tenía abrigo, estaba hambriento y estaba desposeído).

Pero la función de la Iglesia no se limita con repartir diezmos y ofrendas entre los pobres.

La Iglesia se instituyó para desafiar el estado de las instituciones humanas al compartir las buenas noticias de Él. Esto implica que se visiten a los enfermos, a los migrantes y extranjeros, y que se suplan las necesidades de los más pequeños de la sociedad como viudas, huérfanos y desposeídos.

La institución de la Iglesia de Jesucristo somos sus manos y sus pies aquí en la tierra. Él es capaz de proveer a través de nosotros, quienes recibimos Su Espíritu y lo llamamos ¡Papá!

Entonces quizás no habría necesidades tan fuertes como las que nos encontramos en estos tiempos.

Él Es nuestro proveedor. Si lo tenemos a Él, no tenemos necesidad de vivir encorvados, gimiendo o derrotados.

Y, aun así, "aunque las higueras no florezcan, y no haya uvas en las vides, aunque se pierda la cosecha de oliva y los campos queden vacíos y no den fruto, aunque los rebaños mueran en los campos y los establos estén vacíos, ¡aun así me alegraré en el Señor! ¡Me gozaré en el Dios de mi salvación!"

Además, no hay que olvidar que Él Es hacedor de milagros. Donde los campos son estériles, Él puede hacer que fluya agua de vida abundante y que reverdezcan. Él hace nacer hijos de la estéril, y hacer que las redes se llenen de peces hasta que se revienten.

Donde tenemos qué concentrar nuestra atención y nuestras energías es en expandir su poderoso reino, y asegurarnos en ser aprobados por sus juicios que siempre son rectos.

Cuando decimos que Él Es nuestro proveedor, no estamos pensando en que somos clientes de un mesero que está pendiente de nuestras peticiones que seleccionamos de un menú, para rápidamente llevarlas a nuestra mesa.

Él Es nuestro proveedor que nos dará lo que necesitamos, pero que además está pendiente de que maduremos. Porque finalmente, Él quiere que aprendamos a ser como Él con nuestros hermanos de la humanidad: fructíferos, florecientes, abundantes, provechosos, aceptables y deseables.

Que veamos por los demás, que estemos atentos y nos mostremos dispuestos al socorro y al auxilio, capaces de construir su reino aquí en la tierra.

Él ve por nosotros. Él Es en todas partes. Él sabe lo que necesitamos y siempre lo suplirá de forma abundante.

Defensor de los débiles

Cuando prestes cualquier cosa a tu prójimo,
no entres a su casa a exigirle una garantía.
Esperarás afuera mientras esta persona, a quien le prestas,
te traiga la garantía a ti.

Si esta persona es pobre,
no debes irte a dormir con la garantía en tu posesión.
Asegúrate de regresársela antes de que se ponga el sol,
para que pueda dormir con su propia prenda y te bendiga,
así serás considerado con justicia ante tu Dios יהוה.

No oprimas a tu trabajador quien es pobre y necesitado,
ya sea tu pariente o un extranjero inmigrante en una de tus ciudades.
Págale su salario diariamente antes del atardecer,
porque él es pobre y su vida depende de esto.
De lo contrario, él podría clamar a יהוה contra ti,
y serás castigado por tu maldad.

Un padre no deberá ser condenado a muerte por sus hijos,
ni los hijos por sus padres. Cada uno morirá por su propia maldad.

Nunca le niegues justicia al inmigrante o al huérfano,
no tomes las prendas de una viuda como garantía.

Acuérdate que tú fuiste un esclavo en Egipto
y que יהוה fue quien te rescató de ese lugar,
así que te ordeno que trabajes en este asunto.

Deuteronomio 24:10-22

Él Es el Defensor de los débiles.

Al bautizarte en su nombre, te darás cuenta de que sigues viviendo en la realidad del Cosmos, pero que tu realidad quedará alterada por la realidad del reino de Dios.

A partir de ese instante, las reglas de este mundo ordinario ya no te funcionarán, porque Su reino funciona con otras reglas.

Por experiencia te digo, para un creyente es un desperdicio de fuerzas vivir bajo las reglas pasadas. Simplemente no te va a funcionar la vida bien.

Esto es importante que aprendas a distinguir a tiempo y con claridad, para que no desperdicies recursos valiosos tratando de vivir como eras antes de conocerle a Él.

Lo primero que ocurre es que recibes el bautismo de Su Espíritu, y ya no vives tú, sino que Él habita en ti. Esto lo puedes pedir en cualquier momento de forma genuina y el Padre te lo dará sin condiciones.

Esto es esencial para que puedas descubrir el velo de tus ojos, cambiar tu manera de pensar y podrás entender lo que te expondré a continuación.

Él mismo, siendo Dios, se despojó de su lugar en la luz inaccesible, y se hizo hombre.

Esto es difícil de entender. Imagina por un instante que el hombre más rico del mundo se despojara de todas sus posesiones, se las regalara a los pobres, y se fuese a vivir al barrio más pobre del mundo. ¿Con qué propósito haría esto?

Además, en el mundo se te enseña a no depender de nadie, mientras en el reino de Dios se nos enseña a depender totalmente de Él.

El mundo te diría que eso sería una locura, pero para nosotros esto es el poder de Dios.

Cuando en este mundo nos enseñan que el Cielo se encuentra hasta después de nuestra muerte, para nosotros el reino de Dios comienza en nuestras vidas desde que aceptamos que Su Espíritu se combina con nuestro espíritu.

Mientras en el mundo se conquista un reino y sus recursos a través del trabajo duro, la sangre y el sudor, para luego repartirlo entre los seres queridos, acá el reino de Dios se ha acercado a todos, y se recibe como un nenito indefenso que recibe un regalo, para luego repartir estas riquezas entre nuestros enemigos.

Mientras en el mundo se logran las recompensas a través del esfuerzo, en el Reino de Dios se accede al morir a nuestra antigua manera de ver las cosas, y aceptar que a través de Su gracia y amor inagotable Él absorbió toda la violencia para perdonarnos.

Mientras en el mundo se nos enseña que lo más importante es convertirnos en líderes prominentes de nuestra sociedad, en el reino de Dios se nos enseña que cuando el Cosmos efímero termine, que es cuando la realidad realmente importa, los últimos serán los primeros.

Aquí todo el mundo quiere convertirse en autoridad para enseñar, poder para modificar la realidad, recibir reconocimientos y condecoraciones de lo grandiosos que son, pero en Su reino, Él se complace en usar a los más tontos del mundo para avergonzar a los más sabios, y Él se divierte en escoger a los más débiles para avergonzar y humillar a los más fuertes.

Aquí las personas tratan de acumular riquezas y llenar su cuenta bancaria de dinero, mientras en el Reino de Dios se nos instruye a hacernos tesoros en el cielo mediante nuestras buenas acciones aquí en la tierra.

Mientras en este mundo las personas quieren ser jefes para mandar y tomar provecho de los demás, en el reino de los cielos, el que quiera ser el primero tiene que convertirse voluntariamente en sirviente de todos.

Mientras nosotros nos fijamos en las apariencias de los cuerpos hermosos, las caras estéticas, y las estaturas, Él mira el corazón de las personas.

Mientras en este mundo es muy fácil recibir y muy difícil dar, y al mismo tiempo es mejor recibir que dar, en su reino es más fácil dar y muy difícil recibir, y es mejor dar que recibir, porque en las reglas del reino de Dios, Él nos da en la misma medida en la que nosotros damos.

La ecuación encaja perfecto para un desconocido incrédulo que lo necesita todo, y que recibe bendiciones de un creyente que se le facilita dar y que lo ve como un placer.

Pero un creyente débil que no tiene nada más que dar y sólo recibir, le costará mucho trabajo aceptar las bendiciones, sin sentirse en deuda con sus hermanos o que está perdiendo fuerzas su poder o que se vuelve dependiente de los demás. Esto quizás sonará como una locura para el mundo.

Mientras en el mundo hay personas ricas que tienen tanto de sobra que reparten su riqueza a los pobres a través de filantropía y no les hace falta nada, es precisamente lo que pudiera desarrollar arrogancia y soberbia, e impedir que reconozcamos Su mensaje, recibamos su perdón, su gracia y su paz.

Si vives en privilegio no podrás darte cuenta lo horrible, injusto, cruel, esclavizador, y vacío que es el sistema humano de vivir, y de la necesidad imperativa de que sea conquistado por el reino de Dios. Es muy fácil dar cuando lo tienes todo de Él.

Él en Su reino, nos enseña maneras extrañas de solucionar los problemas de este mundo. Maneras distintas de tratar con los obstáculos cotidianos de este mundo que perece, para que aprendamos a conducirnos en un reino que permanece para siempre. Esto también suena como una locura para el mundo.

Mientras nosotros invitamos a personas que estimamos a nuestros hogares para de alguna manera recibir favores y atenciones especiales.

Él nos dice en cambio: "...cuando organices un banquete, invita a los pobres, lisiados, cojos, ciegos y entonces serás feliz. Como ellos no pueden recompensarte, entonces serás reembolsado en la resurrección de los justos".

Mientras que en el mundo se nos enseña que los débiles son desechables y son abandonados para que la realidad los aniquile, en el reino de Dios, los más humildes y débiles son los más importantes y a quienes debemos prestar la mayor atención.

Creo que a estas alturas ya habrás identificado las diferencias en el patrón de cómo se distancia el Reino de Dios del reino de los hombres, y por qué es tan difícil de comprender para muchas personas, al grado que se le ha llamado el "reino de al revés", si acaso, los que tenemos el camino torcido somos los humanos, y los caminos de Él son rectos, como en realidad son las cosas.

Visita a los hospitales, acércate a los inmigrantes, visita a los prisioneros, lleva a cabo acciones para proteger a los huérfanos y a las colonias donde viven los olvidados para que tu corazón vea la realidad como es, para que te incomodes y reconozcas el hambre de justicia, sanidad y misericordia que existen en estos lugares.

Y en otra parte de las Escrituras leemos que el ayuno para afligirnos y humillarnos a nosotros mismos no le impresiona a Él como pensaría este mundo.

Para su reino, el ayuno que él prefiere es el de: "romper las cadenas de maldad, arrancar las cuerdas de los yugos, liberar a los oprimidos, y desarmar los yugos. Así como dividir el pan con los hambrientos, darle un hogar a los pobres y vagabundos, vestir al desnudo cuando lo ves, y no darles la espalda a tus familiares"

Si en algún lugar de las Escrituras Él te exige ser religioso es precisamente en defender a los huérfanos, proteger a las viudas y en evitar que te regreses a las reglas del mundo.

Él Es el Defensor de los débiles. Padre de los huérfanos y protector de las viudas.

Él es el abogado que defiende la causa de los indefensos.

Recuerda también que nosotros éramos débiles y desprotegidos hasta antes de que Él nos rescatara. Sin Él somos pobres, estamos desnudos, somos ciegos, débiles y desposeídos. Con Él lo tenemos todo.

El Buen Pastor

Noé construyó un altar a יהוה. Escogió de entre todos los animales limpios,
y de las aves ceremoniales y llevó a cabo ofrendas quemadas en el altar.
Y יהוה se deleitó del aroma agradable, y יהוה se dijo en su propio corazón:

"Nunca más volveré a rechazar a la tierra por causa del ser humano,
aunque cada propósito de su corazón es malvado desde su edad temprana.
Nunca más volveré a destruir a todos los seres vivos como lo acabo de hacer.
Mientras haya tierra, la siembra y la cosecha, el verano y el invierno, día y
noche, no fallarán."

Y Dios bendijo a Noé y a sus hijos y les dijo a ellos:

"¡Sean fructíferos! ¡Vuélvanse numerosos y llenen la tierra!
Reverencia y miedo vendrán sobre todos los seres vivos de la tierra,
y sobre todo animal que vuela por el cielo, toda creatura que se arrastra en la
tierra, y todos los peces del mar.
Los entrego en sus manos.
Toda criatura viviente que se mueve existirá para ser su alimento,
tal como les di las plantas verdes,
ahora les entrego a ustedes todas las cosas."

Génesis 8:20-22; 9:1-3

Por tanto, si la perfección se logra a través del sacerdocio de Leví,
que es la base para que las personas establezcan leyes,
¿Por qué entonces, además, se levanta a un sacerdote diferente?
Me refiero según la manera de Melquisedec, y no según la manera de Aarón.
Pues si el sacerdocio cambió, la Ley debe cambiarse también.

De quien estoy hablando perteneció a una familia de la que nadie había servido en un altar,
pues es evidente que nuestro Señor descendió de Judá, familia de la cuál Moisés no dijo nada respecto a un sacerdote.
Y es incluso más claro si un sacerdote distinto, semejante a Melquisedec aparece,
quien llega a serlo, no debido a una ley que lo ordena sino por el poder maravilloso de una vida indestructible.

He aquí la evidencia: "Tú eres sacerdote eterno según la manera de Melquisedec"

Así que la Ley de antes queda cancelada porque era débil e ineficaz,
puesto que no completó nada, mientras se introdujo una esperanza más fuerte por medio de la cual nos acercamos a Dios, y nada de esto está sucede sin un juramento,
pues hay quien se convierte en sacerdote sin juramento, pero hay un juramento por el que se le dijo a Él:
"יהוה juró y no se arrepentirá. Tú eres sacerdote eterno."
Debido a todo esto, Jesús ha llegado a garantizar un mejor contrato.

Incluso antes hubo muchos sacerdotes porque la muerte les impidió continuar.
Pero como Él vive eternamente, mantiene un inalterable sacerdocio.

Hebreos 7:11-24

Él extiende su fuerza maravillosa que sobrepasa nuestro poder humano. Si Él nos promete vida, seguramente nos la dará. Si Él promete que vendrá una destrucción, entonces encontrará una manera de construir la salida milagrosa para cuidarnos. Si Él nos promete una tierra, seguramente nos la entregará. Si Él nos promete un reino, seguramente lo establecerá.

Si Él promete liberarnos, seguramente nos rescatará. Si Él promete que reedificará algo que ha caído, sabemos que reconstruirá las ruinas y las levantará de nuevo. Si Él nos promete una habitación eterna, seguramente hará los pasos necesarios para que podamos superar a la muerte, y que estemos con Él.

Cuando Él creó a los seres humanos se propuso que fuésemos similares a Él, para que reináramos junto con Él sobre todas las cosas que Él había creado.

Esto se confirma con su bendición en la que nos manda a ser fructíferos, ser muchos, llenar la tierra y sujetarla para reinar sobre todas las demás criaturas.

Con este propósito, Él designa a Adán como sacerdote de la Creación, un gerente cuya función era trabajar, administrar y domesticar la tierra para fructificarla.

Como podemos leer, desde el principio en sus planes ha estado que seamos millones de millones de seres humanos que llenemos la tierra y la historia, y también podemos verificar ahora que en su perfecto plan siempre se ha propuesto que disfrutemos todos juntos una inmensa fiesta en la que tengamos cada uno de nosotros una comunión íntima con Él, y que cenemos todos los días con él, probando el fruto que garantiza el conocimiento pleno de todas las cosas y disfrutemos de la vida eterna.

Pensemos que somos adolescentes. En aquella época de confusiones, en preparación de alguna celebración anual, cuando nuestra madre nos enviaba a la tienda a comprar cilantro en lugar de perejil, medio kilogramo de salchichas y una caja de galletas.

Nos explican que todas las cosas son para nosotros, pero que específicamente estas galletas, hay que ir a recogerlas a la tienda, pero que están siendo apartadas y que no deberíamos tomar de ellas hasta que se nos indique.

Esto hace que prestemos especial atención a estas galletas. Nuestra curiosidad se dispara, y de pronto se vuelven algo deseables. Seguramente estas galletas tienen un sabor que nunca habías probado, y de todas las cosas que están bajo tu dominio como hijo, ¿cómo es posible que nos estén limitando y prohibiendo algo?

Él sabe siempre lo que es mejor para nosotros, pero a veces nosotros creemos que sabemos qué es lo que más nos conviene.

Realmente no importa la orden. Vamos a la tienda, compramos perejil en lugar de cilantro porque en realidad no prestamos nunca atención, y abrimos tanto la bolsa de salchichas para comernos unas cuantas, y la caja de galletas para satisfacer nuestra curiosidad. En el camino a casa, nadie lo notará y claro está, ¡no pasa nada!

La situación la podemos describir al menos como decepcionante.

Estas galletas estaban preparadas para nosotros, junto con nuestros padres y nuestros hermanos, para disfrutarlas a la hora de la cena, en un momento especial en familia, sólo que, en darle rienda a nuestro egoísmo y voracidad, acabamos de arruinarlo todo. ¿Tendrá arreglo nuestra naturaleza que tiende a desviarnos de lo que es justo y recto, así como de tratar de justificarnos nosotros mismos por nuestros atropellos? ¿Un regaño será suficiente para corregir nuestro carácter?

Creo que esto es como diría mi pastor Jerry Witt: "Él tiene preparado un plan maravilloso para nuestras vidas, nosotros desobedecemos y entonces Él nos dice: No es el plan que tenía para ti, pero siempre encontraré la manera de arreglarlo todo para seguirte bendiciendo".

Nuestra desobediencia y falta de sentido de mayordomía nos hace perdernos el disfrute de los beneficios de nuestro trabajo, aumentando nuestros dolores y fatigas, llenándonos de vergüenza y temor a la muerte, pues a Él no lo podemos engañar, pero no arruina nuestra encomienda, sólo nos dificulta más lograr nuestro propósito como seres humanos.

Ahora bien, sabemos que, a partir de Enós, hijo de Set se comenzó a invocar el nombre de Él, y que este linaje hasta Lamec convivió bajo el sacerdocio de Adán, incluyendo a Enoc quien caminó cerca de Él, y luego desapareció porque Él se lo llevó.

Enoc es padre de Matusalén dentro de este linaje especial que incluye a Noé y sus hijos, del cual también nacieron hijos e hijas que por otra parte también vivieron con un comportamiento injusto y malvado.

Matusalén es el único sucesor de Adán que convivió con él hasta el día de la Gran Inundación que Él preparó con el propósito de poner freno al dolor y sufrimiento que provenía de la gran maldad constante que imperaba en la tierra.

Sin embargo, Noé es el nieto Matusalén, resultó agradable por ser el único hombre recto e íntegro de su generación que caminaba cerca de Él a pesar de que en la tierra se llenaba de violencia y crueldad.

Cuando Él se propuso poner fin al ser humano y a la vida, fue la justificación de Noé la que permitió que recibiera la encomienda de construir un vehículo con instrucciones precisas para que Noé, su familia y semillas de todas las criaturas vivientes recibieran una promesa de encontrar un refugio ante la destrucción.

Entendemos que Noé hizo todo tal cual le fue ordenado. Que, conforme al sacerdocio de Adán que recibió de Matusalén, recibió a siete representantes de los animales ceremoniales, y sólo un par de los considerados impuros con el propósito de fungir como semillas de las especies que habitarían la tierra después de la destrucción que vendría por la Gran Inundación.

Y que Noé tenía seiscientos años, cuando fueron presionadas para estallar las fuentes de agua subterránea de la tierra, y que habiendo entrado todos los que serían rescatados de la destrucción, Él selló el vehículo que los protegería del Gran cataclismo en el que se inundó la corteza terrestre hasta mayor altitud de los picos más altos de la tierra.

Noe volvió a ejercer el sacerdocio que heredó de Matusalén y ofreció un sacrificio de olor agradable, como el que nos encanta a todos cuando preparamos una carne asada para compartir con nuestra familia los domingos. También sabemos que Noé vivió unos cuantos años después del nacimiento de Abram.

Aunque todos perecieron, fue la obediencia de Noé, que al ejercer su gerencia con inteligencia trajo como fruto el rescate de la vida en la tierra, y gracias a ese respiro que nos dio, volvimos a recibir, después de un año de catástrofe, la oportunidad de volver a ejercer nuestra mayordomía sobre la tierra.

Es nuestra intención y anhelo de vivir cerca de Él, la que nos permite hallar gracia ante Sus ojos, y es nuestra obediencia la que nos permite poner un pie en los caminos de justicia y rectitud que Él construye para nosotros.

Este es el trabajo que le agrada a Él. Ahora bien, todos los trabajos no se limitan al cambio que se genera en la realidad por medio de la fuerza, sino que existe un factor que es la dirección y el propósito.

Es por eso, que todo trabajo valioso tiene una dirección, y que este se supervisa para que el propósito del trabajo se cumpla.

Por tanto, la función de un gerente es administrar la responsabilidad delegada sobre una propiedad recibida para darle cumplimiento a un propósito determinado.

La mayordomía sobre el reino de Dios que Él pone en nuestra mano es pues, el honor más alto que puede disfrutar un ser humano, pues requiere de una gestión responsable de acciones inteligentes para garantizar el cumplimiento del objetivo.

Ahora bien, al mayordomo o gerente se le piden cuentas principalmente en cuanto a que sea digno de confianza por su honestidad y fidelidad ante el verdadero dueño, y en segundo término en cuanto a su capacidad de eficacia para lograr los resultados.

Para reconocer a un buen gerente, se requiere paciencia para aprender quién es en realidad y cuáles son sus verdaderas motivaciones, sus principios y la manera en que comprenden la realidad.

Como la mirada está hacia el futuro, se pone atención en la manera cómo prometen y, a la vez, en el modo que se han comportado y han dado resultados. Un buen mayordomo produce buenos resultados, un mal mayordomo, malos resultados.

Además, quizás hemos escuchado el refrán que dice: "la honestidad es un regalo muy caro, no lo esperemos de gente barata".

Cualquier asunto que Él delegue, requiere que los gerentes o administradores apliquen toda su obediencia, fidelidad, habilidad e inteligencia, pero también de una gran fuerza de voluntad, pasión y valentía para llevar a cabo la voluntad de Aquel quien nos exige.

Él nos amó, y nos tuvo compasión. Él no nos ha pedido algo que no nos haya dado primero, ni es el tipo de Rey que usa su poder para exigir algo que Él no sería capaz de cumplir.

Él en su Santidad, bondad y amor inagotable, y siendo Creador y Dueño de todas las cosas, Él nos ha enseñado también mediante el ejemplo cómo se comporta un mayordomo o gerente sabio.

Como explicó el apóstol Pablo, comprendiendo nuestro problema Él no se aferró a Su Perfección, sino que se hizo semejante a los seres humanos, y siendo hombre se volvió el más humilde de todos, obedeciendo en su mayordomía hasta el máximo sufrimiento y dolor, para luego levantarse entre los muertos, recibir la suprema exaltación y que todo ser vivo doble su rodilla ante Él.

De manera que nadie puede sentirse mejor que los demás, ni podríamos siquiera pensar en mirar a nuestros hermanos seres humanos "de arriba hacia abajo", porque Él, siendo supremo, nos mostró cómo funciona el amor inagotable y la compasión, los cuáles se expresan a través del servicio a los demás.

En realidad, Él no sólo creó el Cosmos para darnos una realidad de la que Él es el Dueño, sino que consumó el propósito de su vida humana hasta el fin de su vida mortal, para completar la obra crucial.

Por medio de su sacrificio nos limpia para regalarnos la vida eterna, y sólo pide juntemos nuestra decisión de vivir a la suya para perfeccionarnos, que seamos igual a Él en obediencia para que seamos encontrados como confiables de recibir la responsabilidad de administrar lo creado junto con Él, pues es obvio que a Él le gustaría verlo todo redimido.

Y es evidente que en nuestro tiempo aún no está todo redimido. Y también es evidente que Él nos permite participar de la administración de los recursos materiales cuando nos permite sembrar, cosechar, o predicar la buena noticia para que nos alimentemos mutuamente los seres humanos.

Ahora bien, Él permitió que Abraham recibiera una promesa, y que conociera un sacerdocio más grande que su fe, esto es, el sacerdocio de Melquisedec, en el que nuestro padre Abraham entregó una ofrenda, y con quien disfrutó una cena especial, varios siglos antes de que su descendiente Aarón recibiera el sacerdocio que resguardaba la Ley revelada.

De la misma manera, nosotros recibimos la promesa del sacerdocio de Jesucristo, que inicia cuando se da el cumplimiento del pacto de Dios con Israel, a través del sacrificio del Cordero, iniciando un nuevo pacto.

Este pacto incluye la constitución de la Asamblea de los justificados por Su Sangre, que es su Iglesia, y que queda encabezada por un sacerdote eterno que venció a la muerte, también es del orden de Melquisedec quien es Jesucristo, hijo de Abraham, hijo de Noé, hijo de Adán, para luego convertirnos a nosotros también en herederos del Reino de Dios, y al mismo tiempo, sacerdotes para servirle en un hogar eterno, la Jerusalén Celestial.

Al constituir esta Asamblea (de justificados y lavados por Su sangre), Él nos encabeza, pero también nos instruye y manda a ejercer la gerencia o mayordomía de construir Su Reino, no terrenal, sino espiritual en los corazones de los seres humanos.

Y sabemos que toda encomienda, requiere supervisión y el llamado a cuentas, como Él mismo nos enseñó:

> Un inversor que coloca capital en tres prospectos distintos. A uno le da $5m, a otro $2m y a otro $1m, conforme a su capacidad de hacer negocios, y les explica que revisará su progreso en un largo plazo.

Luego de un tiempo, el inversor les manda a llamar. El primer prospectó se presentó con $50m, por lo que fue recompensado con honores y puesto a cargo de $100m. El segundo prospecto también mostró gran valor al presentarse con $10m, por lo que fue recompensado con honores y puesto a cargo de $50m.

Al llegar el tercer prospecto, este comenzó justificando su cobardía en la exigencia del inversor. Regresó el $1m intacto por temor al riesgo de perderlo. La decisión del inversor fue retirarle el capital, colocarlo en el primer prospecto, que ahora manejaría $101m.

Al final el prospecto que no generó valor fue removido del portafolio de inversiones.

La enseñanza termina con una sentencia: "al que tiene le será dado y tendrá más; y al que no tiene, aun lo que tiene le será quitado".

La enseñanza de Jesús es sencilla de comprender por los niños, y además en donde veamos buenos frutos y resultados, seguramente encontraremos a un gerente sabio y fiel que diariamente toma buenas decisiones a pesar de que los dueños no están todo el día supervisando sus acciones.

Él pone todo en nuestras manos esperando que seamos fieles, y espera que nos deleitemos como Él lo hacía cuando fue un ser humano en cumplir la voluntad de Su Papá Celestial, haciéndose obediente hasta la muerte.

Él es quien nos enseña que a través de la mayordomía sobre lo que nos concede, ya sea el cuerpo, la sexualidad, dinero, y otros seres humanos como nuestra familia o nuestra misión en Su Iglesia, podemos servirle y convertirnos en un sacrificio vivo que despida un olor que le agrade.

Es decir, que no sólo se trata de haber escuchado, o de conocer mucho acerca de sus cualidades, sino de actuar como Él lo hace, y de manejar sus bendiciones que alteran la realidad de la manera en que Él lo hace, para glorificarle a Él.

Un cordero es un ejemplar de menos de un año, el cuál es una cría macho entre un carnero, que es el macho adulto y una oveja, que es la hembra adulta de este animal domesticado para aprovechar su carne, leche y lana.

Las ovejas tienen otra característica que es su tendencia a huir del peligro ante un depredador, lo que dificulta la tarea de su cuidado.

Sin embargo, dada su tendencia a congregarse y formar grupos para acampar cuando forman un rebaño, así como a seguir a un líder, es que desde la Antigüedad sean usados como herramienta de metáforas para hacer referencia a los pueblos, quizás por el comportamiento escurridizo para extraviarse y por su debilidad.

De igual manera, esto se facilita su crianza por medio de llevar a cabo el oficio delegado de un pastor en quien se deposita la confianza de cuidar de un rebaño.

Para hablar de un pastor se usa el término רֹעֶה (Roeh) que proviene de רָעָה (ra'ah) #H7462 que significa pastar, hacer compañía, gobernar, como una amistad, un amigo especial.

En griego es el verbo ποιμαίνω (poimainó) #G4165 que es el acto de pastorear, gobernar, tener cuidado, proteger. Es distinto de alimentar, sino que se enfoca más en tender, incluyendo cuidar, proteger, guardar y guiar

El oficio de un pastor, desde la Antigüedad, por el salario simbólico, y los peligros que representaba, se relegaba a quienes eran excluidos socialmente e inclusive a hijos no reconocidos para que se hicieran cargo de una manada o rebaño de ganado. Los pastores eran normalmente aquellos que no tenían esposas o hijos, con un estilo de vida nómada y aislado.

Para llevar a cabo esta función no se requiere demasiada erudición, por lo que generalmente este oficio era considerado de mucha humildad y sencillez, sin embargo, para que los resultados de esta actividad sean buenos, sí se requiere inteligencia, fortaleza de carácter, valentía, capacidad de liderazgo y de protección.

Ahora bien, una oveja es valiosa por los productos que puede dar, y por su naturaleza doméstica y su comportamiento muchas veces ingenuo y torpe, es común que se meta en problemas por accidentes en el terreno, pero que además sea deseada por depredadores humanos como ladrones y vagabundos, pero también por animales salvajes como lobos, osos, y leones.

En otras palabras, un rebaño de ovejas está siempre indefenso y depende totalmente del pastor que las cuida.

Ahora bien, en las Escrituras, desde Abel hasta que José fue vendido como esclavo a los egipcios, se considera que de alguna u otra forma esta genealogía estaba compuesta principalmente de pastores nómadas, e inclusive sabemos que el Rey David, fue pastor en su niñez.

También tenemos conocimiento de varias profecías que utilizan la metáfora de los pastores y las ovejas para explicar cómo los seres humanos sufrimos bajo el liderazgo de gobernantes y sacerdotes corruptos, que sólo miran por ellos mismos y usan su posición para tomar ventaja y consumirnos.

Él es gobernante de todos los reyes y presidentes de la tierra, y a todos los llamará a cuentas conforme a sus Juicios que son siempre justos, pero también Él Es el Buen Pastor para enseñarnos cómo debe comportarse una persona que ejerce su mayordomía, gerencia o liderazgo sobre otras personas.

Por ejemplo, tanto las profecías de Ezequiel como Isaías explican cómo quienes habían recibido el sacerdocio de guardar la Ley y la capacidad de gobernar, utilizaban este privilegio, corrompiéndose para aprovecharse del pueblo, y, por lo tanto, guiándoles hacia la maldad a través de la confusión (bien podría utilizarse esta profecía para nuestros tiempos modernos).

Él entonces compara a estos pastores con trabajadores asalariados, y explica que como sí le importamos como rebaño, llamará a cuentas a estos pastores, removerá a aquellos que sólo se alimentan de las personas para rescatarnos de sus bocas, y que Él mismo se volverá el Pastor, juntándonos de entre las naciones y los países de la tierra para guiarnos a una tierra donde podemos vivir con tranquilidad, paz y un buen alimento.

Por tanto, cuando Él explica que es el Buen Pastor, y sabemos que ha dicho que sólo Dios es Bueno, nos está mostrando que Él Es Dios. Su Voz está en Su Palabra y en Su Espíritu.

El pueblo de Israel guardó la promesa para nosotros. Ellos escucharon Su Voz, pero algunos de ellos no quisieron aceptarlo, lo cual abre la puerta para que nosotros los gentiles también seamos invitados a esta promesa.

El rebaño somos la Iglesia. Estamos compuestos entre las personas del pueblo de Israel que sí escucharon su voz y los gentiles que también escuchamos su voz, y quedamos unidos atemporalmente en una Asamblea de justificados para formar un solo rebaño, bajo la Voz de un solo Pastor.

Él no es un trabajador asalariado con un horario, cuyo compromiso tiene límites, y que al primer riesgo de peligro sale corriendo para salvar sólo su vida, dejando a las ovejas a su suerte.

Él, como heredero de la tienda de su Papá, administra con cuidado y atiende el negocio de Su Papá Celestial y nos cuida porque somos valiosos para Él, y no porque necesite algo de nosotros.

Además, nos conoce muy bien. Conoce con plenitud nuestro temperamento, nuestras palabras, groserías, actitudes, motivos y todo lo que nos arruina el día. Él sabe exactamente lo que necesitamos y nos lo da en el momento oportuno.

¿Cómo saber que somos ovejas de Su rebaño? Es muy sencillo. Él nos llama con claridad por nuestro nombre y sabemos que nos está llamando para acercarnos a Él. Por supuesto que quiere ser pastor de todos, pues su sacrificio fue por todos los seres humanos, pero no todos quieren escuchar Su Voz, ni todos lo quieren a Él en sus vidas.

Si somos sus ovejas, creemos en Él y le seguimos, y si no le crees, pues no eres parte de su rebaño.

Puede llegar a suceder que te encuentres en un momento tonto de tu vida, como yo lo he estado, y entonces Él, como el Buen Pastor, saldrá a buscarte porque estás perdida, así como lo hace conmigo.

Si eres su oveja, Él es tu dueño y nunca te abandonará.

Además, Él Es el Buen Pastor porque sabemos que dio su vida por nosotros. Voluntariamente, sin que nadie le haya obligado nos dio vida eterna.

Un Buen Pastor significa prosperidad y paz, un mal pastor significa corrupción y destrucción en las instituciones humanas. Cuando reconocemos que Él Es el Buen Pastor, encontramos una respuesta práctica ante los problemas que sufrimos también en la realidad de nuestra época moderna.

Pensemos un poco en el oficio de un pastor.

Su misión no es esconder al rebaño detrás de un cerco, porque moriría todo el rebaño al acabarse la comida de un área determinada.

Por el contrario, el pastor guía al rebaño hacia fuera. En la antigüedad usaba un bastón, no para verse bien, sino como una herramienta para guiar a sus ovejas, y que podía convertirse en un arma ante una situación determinada.

Un pastor entonces debía mantenerse firme, fuerte y feroz para rescatar a las ovejas de los ataques de animales salvajes o de bandidos.

Esto significa que él es más feroz que cualquier lobo, oso o león que esté a nuestro acecho. Él nos enseña a pelear, no enviándonos al matadero sin protección, sino mostrándonos que Él va al frente en nuestras luchas, porque Él Es el Buen Pastor.

Además de todo, un Buen Pastor es garantía de mantenimiento, nutrición y descanso. De esta manera, es el Buen Pastor que nos conduce por esta vida hacia ¿la experiencia y el disfrute de una mejor vida.

Pero además Jesús usa esta figura de Pastor para demostrarnos que nosotros también podemos imitarle, pues a Él le gusta la idea de que las personas nos involucremos en forjar su reino, y no que nos limitemos a creer que está bien que nos volvamos flojos. Por eso nos motiva a que pidamos para que nos envíe trabajadores para llevar a cabo la cosecha.

Así como para los tiempos de Inundación, Él instruyó a Noé para construir un vehículo que salvara a la vida de la inminente destrucción, así ahora la encomienda ha escalado de tamaño y Él nos instruye a nosotros a construir un vehículo más amplio donde quepa la mayor cantidad de personas posible, que es Su Asamblea de justificados, esto es, la Iglesia.

La Iglesia de Jesucristo es pues, a Congregación o Pueblo de todos aquellos seguidores del Señor Jesús unidos en torno a Su nombre. Él cumple sus promesas, y nos dijo que donde dos o más nos reunimos en Su nombre, Él Es en medio de nosotros.

El propósito de la Iglesia es precisamente que Jesucristo es el todo de nuestras vidas y sea en todos.

Él se ha complacido en instruirnos con la tarea de propagar su buena noticia, para que todos los hijos de Adán tengan la oportunidad de escuchar Su Voz para que le conozcan y decidan libremente si quieren seguirle y servirle para o no.

Esto es, que nadie se pierda la oportunidad de prepararse desde el día de hoy, para la herencia que recibiremos después de la muerte, en la que todos seremos sus hijos amados, reyes y sacerdotes unidos por el amor y la compasión, para que disfrutemos una relación íntima y personalísima con Él.

Después de esto no sabemos qué habrá, pero por Quién Es Él, estamos seguros de que será espectacular y superará todo tipo de expectativas que tenemos hoy con nuestra pequeña mente humana.

Cuando no creíamos en Él pensábamos que nos dirigíamos nosotros mismos por nuestras pasiones y antojos. Cuando aceptamos a Jesucristo, somos pasados de la oscuridad a la luz, al Reino de Jesucristo.

La Iglesia es una inmensa congregación viva, que no está separada por la muerte ni por el transcurso del tiempo humano, ni tampoco por océanos, fronteras humanas, familias, lenguajes ni regionalismos, situación legal o ciudadanía terrenal, patrimonio terrenal o color de piel.

Estamos unidos tanto los miembros militantes que hemos sido lavados por Su sangre, y somos parte de la Iglesia junto con los miembros que han triunfado después de esta vida, por el acta constitutiva, que es la resurrección de Jesucristo de entre los muertos, y su Exaltación en la que le fue entregado toda autoridad en los cielos y en la tierra, atestiguada por sus apóstoles.

La Iglesia no se limita al grupo de ancianos o sacerdotes que Él designó para las tareas del cuidado y mantenimiento de la Iglesia, ni tampoco es un movimiento de aglomeración de seres humanos inconversos.

Hay Iglesia donde hay creyentes en el Señor Jesús, y donde Él Es la Cabeza, nuestro único Rey Soberano al que servimos, hermano nuestro, quien se entregó a sí mismo voluntariamente, quien nos ha lavado con Su preciosa sangre y que resultó vencedor como primer nacido de entre los muertos.

¿Acaso no te has cansado de la violencia? ¿Acaso estás de acuerdo con que todas las personas a tu alrededor sean malvadas y hostiles, agresivas y salvajes? Quizás es el momento de que te levantes a luchar, y que te unas al Ejército de Jesucristo, y ayudar a construir a la Iglesia de Jesucristo en tu comunidad, que es el Reino de los cielos en la tierra.

Si detectas a tu alrededor egoísmo, orgullo, codicia, chismes, y maldad en una congregación de justificados, es porque no hay conexión con la Jesucristo, la Cabeza.

Por ejemplo, si en la Congregación detectas que alguien es soberbio, arrogante y egoísta, convive con esa persona con compasión y hazle saber su maldad con amor un par de veces. Si esa persona insiste, no entres en contienda, deja que Él se encargue de su oveja. Nos somos nosotros, sino Él quien tiene la Autoridad y el Poder, y por medio de Su Espíritu, Él puede redargüir a esta persona o incluso llegar al punto de ponerle en su lugar para volverle humilde.

Existe una muy alta probabilidad de que en la Iglesia haya personas que comparten tu fe en Jesucristo encuentres verdadera amistad humana, apoyo espiritual, compañía en tiempos difíciles, buenos socios para hacer negocios, y ¿por qué no? hasta una pareja que también libremente haya decidido someter su voluntad ante Jesucristo.

Él Es el Comandante Supremo de una poderosa Iglesia que trabaja en la tierra, asistida por el Ejército de ángeles al servicio de Jesucristo. Todo buen ejército organizado funciona con autoridad delegada, que son mayordomos o gerentes generales, esto es: apóstoles, profetas, evangelistas, pastores, diáconos, y maestros que administran los regalos que Jesucristo nos regala, nos ayudan a madurar, y a que nuestro trabajo sea eficaz.

Como todo en la Iglesia fluye desde Jesucristo, nadie puede proclamarse pastor de Su Pueblo a menos que sea bajo Su Autoridad. La legitimidad de un liderazgo en Su Iglesia proviene de depender enteramente de Él, y si una congregación se vuelve disfuncional es porque se ha desconectado de la Cabeza, porque ha dejado de seguir el liderazgo de Jesucristo.

Nos reunimos para adorarle y brindarle honor sólo a Él, nos esforzamos por seguir sus instrucciones y actuamos con base en sus comandos.

Como Él Es nuestra Cabeza, Su rostro resplandece mostrando la hermosura de Su Iglesia y nos distingue con Su Espíritu Santo que habita entrelazado con nuestro espíritu humano, de esta manera no actuamos solos por nuestra cuenta, ni vamos errantes como vagabundos.

Él Es Fiel y Verdadero. Con Su mente sabia establece la doctrina y las normas con las que regimos nuestra conducta y nuestra forma de interactuar con los demás.

De esta manera sabemos que Él nos habla a todos y a cada uno de los miembros del rebaño. Ya no existen los "íntimos de Dios". Él Es el Ungido que esperábamos, no hay más ungidos que Él.

Todos los que hemos recibido el nuevo pacto tenemos la capacidad de acercarnos a Él y vivir una relación íntima con Él por medio de su sangre y Su Espíritu que habita en nosotros.

Sus instrucciones han sido recopiladas en blanco y negro y en papel por sus apóstoles, y pueden verificarse en Su Palabra, y también puede consultársele directamente por medio de Su Espíritu Santo, el cual alumbra en medio de la oscuridad y disipa cualquier confusión.

Esto significa que él gobierna a la Asamblea con su Palabra y con Su Espíritu.

Nuestra tarea como Iglesia es tan grande, que es mejor dedicar el menor tiempo posible en discusiones irrelevantes, y el mayor tiempo posible en seguir Sus instrucciones.

Nuestra relación con nuestros hermanos y hermanas se determina por nuestra relación con Él como nuestra Cabeza.

Ponernos bajo la Cabeza de Cristo nos llena de su sangre que es la vida en el cuerpo.

Si no estamos bajo la autoridad de la cabeza, pero vivimos nuestra vida egoísta e individualista, nos convertimos en un problema para el cuerpo.

Si Él es la cabeza, nosotros no podemos ser cabeza. La autoridad es de Jesucristo. El Dueño es Él, por tanto, quienes se ponen a su servicio es para volverse sirvientes de todos y no sus amos o señores.

Así como en la promesa de Abraham que se selló en un pacto con la sangre de un cordero, y la entrega de la Ley que se conmemoró con la Pascua, la sangre derramada por Jesucristo es testimonio de un nuevo pacto más eficaz, el cual se selló por medio de su resurrección y exaltación.

Sabemos que Él sustenta las vidas de todos nosotros y todas las cosas en la realidad con Su Poder, entonces no hay nada que le podemos ofrecer que no sea de Él, por tanto, Él, como Rey Soberano, Es quien tiene la autoridad para legislar, así como para designar qué humanos, así como bajo qué protocolos y maneras le son agradables para que nos podamos acercar a Él.

Por su nacimiento y existencia, designó a Adán como su sacerdote, luego a cada uno de sus descendientes por sucesión después de la muerte desde Seth hasta Jared, y debido a que Enoc fue tomado este sacerdocio terminó con Matusalén en la Gran Inundación.

Luego por medio del bautismo de la Gran Inundación, vemos que también designó a Noé para que ofreciera animales que le agradan y purificar una vida que estaba corrupta por la maldad.

De la misma manera, es Él quien constituyó el reinado y sacerdocio de Melquisedec, de quien no conocemos su ascendencia, pero a quien nuestro padre espiritual Abraham entregó el diezmo, tras rescatar a su sobrino Lot, y con quien compartió una cena de pan y vino.

Esto es una figura que demuestra que Jesucristo, siendo también descendiente de Abraham, pero de la tribu de Judá y no de Leví, es sacerdote conforme a este orden de Melquisedec, pero en este caso, un sacerdote eterno.

Varios siglos después, Aarón y su familia, descendientes de Leví, son seleccionados para llevar a cabo el sacerdocio bajo la Ley revelada en el Monte Sinaí, esto es, para volverlos gerentes y administradores del tabernáculo, y por herencia y sucesión testamentaria.

Durante siglos, este sacerdocio sucesivo por hombres mortales permaneció cuidando la Ley, inclusive a través de la Historia cuando ocurre la construcción del Templo por Salomón. Parte de estos rituales incluían instrucciones de sacrificar un corderito en la Pascua y rociar su sangre en el altar ante Dios para demostrar que el sacrificio había ocurrido. El fin de una vida para implicar que el pecado había sido pagado.

Luego a través de los años, este sacerdocio mostró debilidad ante el estorbo y obstáculo por toda clase de eventos anunciados por los profetas, Desde la presencia de reyes idólatras, ocupación de fuerzas extranjeras, exilio, destrucciones por guerras civiles, y luego posteriores reconstrucciones, que crearon divisiones y puntos de vista dentro del pueblo de Israel, con todo esto, sabemos que Juan Bautista fue hijo de un sacerdote de la tribu de Leví.

Y aunque no sabemos si Juan llegó a servir en el Templo, sí ejerció el sacerdocio sirviendo al pueblo judío desde el desierto, para preparar el camino a la venida de nuestro Señor Jesús con un proceso de purificación por medio de bautismo por arrepentimiento, usando la figura de la purificación de los utensilios del Templo, pero en los corazones de las personas.

Entonces nos encontramos a Juan El Bautista, sacerdote de la tribu Leví, bautizando para el arrepentimiento de los pecados a Aquel que no necesitaba arrepentirse, esto es, el León de la tribu de Judá, el hijo del Rey David.

Y sabemos que en cuanto Jesús fue sumergido, se levantó del agua y fue señalado con aprobación para ejercer el sacerdocio. Primero como Mesías Príncipe, luego como Cordero para el sacrificio para el perdón de los pecados, una sola vez y para siempre, dando cumplimiento a la Ley que Moisés entregó bajo el cuidado del sacerdocio de Leví.

Tras la muerte de Jesús, se rasgó el velo del Lugar Santísimo del Templo de ese entonces que fue finalmente destruido algunas décadas después dando fin a la ceremonia ejercida continuamente por los levitas para la purificación anual del pueblo de Israel mediante el sacrificio de animales dedicados.

El Templo de Herodes ha permanecido en ruinas hasta el día de hoy, mientras el cuerpo de Jesús fue levantado de entre los muertos y exaltado, dando inicio al Nuevo Pacto entre Él y los seres humanos con un mejor sacerdocio, y es que la debilidad del sacerdocio levítico no está en la Ley que lo regula, sino en la mortalidad e imperfección de los sacerdotes que lo llevan a cabo.

Es indispensable que un sacerdote sea designado por Él. La función de un sacerdote es liderarnos, ayudarnos con el cumplimiento de los protocolos, la etiqueta, los modelos y enseñarnos cómo debemos conducirnos en nuestra relación con Él.

De manera que ya no es necesario de un sacerdote intercesor entre Él y los hombres, sino que Jesucristo es nuestro sacerdote eterno, y nuestro Jefe espiritual.

A través Él, cada uno de nosotros, los miembros de la Congregación de los justificados, podemos tener acceso al Lugar Santísimo y presentar nuestras peticiones, con la seguridad de que Él nos escucha y convive con nosotros.

Ante la torpeza que causa nuestra situación de gentiles, Él Es nuestro Príncipe Sacerdote que nos prepara para que nos presentemos adecuadamente y seamos aprobados, formando parte de su reino de sacerdotes en la Jerusalén Celestial.

Maravilloso Maestro

Alzo la mirada hacia las montañas ¿De dónde viene la ayuda?
La ayuda proviene de יהוה *Hacedor de los cielos y la tierra.*
No permitirá que tu pierna tiemble; Es Guardian que no se adormece.
¡Pon atención! ¡El Protector de Israel no se adormece ni duerme!
*¡*יהוה *Guardián! ¡*יהוה *Sombra sobre tu mano derecha!*

Salmo 121:1-5

Un alumno no está por encima del maestro, ni un sirviente por encima de su
patrón.
Suficiente para el alumno es ser como su maestro, y para el sirviente como su
patrón.
Si al jefe de la familia le han llamado "el señor de los demonios",
¡muchas más cosas dirán de los miembros de su familia!

Así que no le tengas miedo a ellos, pues nada hay oculto que no será revelado,
o que haya sido escondido y que no será conocido.
Lo que digo en secreto, díganlo en la luz.
Lo que han escuchado con los oídos, proclámenlo desde las azoteas.

No temas de quienes destruyen el cuerpo, pero que no pueden destruir el
espíritu.
Más bien teme a Aquel poderoso para destruir tanto el espíritu como el cuerpo
en el valle de Hinón.
De hecho, una pareja de gorriones se vende por cincuenta dólares,
pero ninguno de ellos cae al suelo sin la voluntad de tu Papá,
e incluso cada cabello de tu cabeza está contado,
así que no temas, tú vales mucho más que los gorriones.

Y todo aquel que Me reconozca ante los humanos,
Yo le reconoceré ante Mi Papá en el cielo,
pero quien Me rechace ante los humanos,
Yo le rechazaré ante mi Papá en el cielo.

Mateo 10:24-33

Más tarde que estaban cenando, se volvió visible a los once,
y los regañó por su falta de confianza y por la dureza de su corazón,
porque habían desconfiado de aquellos que lo vieron a Él
después de que se levantó de entre los muertos.
Les dijo a ellos:
"Salgan hacia todo el cosmos y proclamen el buen mensaje a toda la creación.
Quien confíe y se sumerja será rescatado, y quien no confíe será juzgado."

Marcos 16:14-16

Él Es la Sabiduría y la Lógica que da origen al cosmos. Él Es el Verbo que da origen a las expresiones como los lenguajes.

Él Es la colección de instrucciones y la ejecución que está detrás de la creación de la realidad.

Él Es el principio del razonamiento incluyendo su semántica y sintaxis. Él es la función que organiza las premisas y da orden a la sintaxis que resulta en la conclusión de todo lo que es existente, sea o no descubierto por los seres humanos.

Él Es el principio de todo lenguaje, todo argumento, toda forma lógica, de la validez de toda deducción e inducción, quien conoce todas las paradojas, quien descubre todas las falacias y quien describe toda verdad.

El Verbo se hizo carne y habitó entre nosotros. Él Es la esencia de la verdad y la razón.

Es un engaño que nos quieran hacer creer que la racionalidad y la espiritualidad están separados. La ciencia y la razón tienen como propósito glorificarlo a Él. El conocimiento es vació si no se convierte en un acto que modifique la realidad.

De igual forma, nuestro intelecto aplicado en resolver problemas puede convertirse en una herramienta de servicio y para la práctica de la compasión que pueda hacer que alguien agradezca a Dios.

Cuando pensemos en el "Logos" no nos referimos únicamente al sentido gramatical o semántico de las oraciones. Pensemos más bien en palabras que encierran una idea, un enunciado o un discurso que vale la pena mencionar o escuchar.

Como cuando hacemos un recuento, o usamos un razonamiento para contar una historia o una enseñanza, como si expresáramos una instrucción que es valiosa.

Las personas usamos la lógica para conocer la realidad. Usamos la razón para determinar lo que hay que hacer o cómo resolver un problema determinado.

Por tanto, un consejo es una recomendación de actuar de forma determinada para lograr un propósito, y encierra una forma de pensar, de considerar, de contar con algo e incluso de tomar en cuenta las causas.

Los consejos y las observaciones se pueden hacer a través de herramientas de enseñanza que comuniquen la verdad de forma eficaz, como parábolas, adagios o proverbios para instruir.

Pero ningún valor hay en saber distinguir lo correcto si en el momento de las decisiones actúas con locura.

Él nos ha dotado a los seres humanos de una conciencia con la capacidad de razonar, pensar y reflexionar para comprender principios, formar argumentos llegando a conclusiones o determinar juicios acerca de situaciones o cosas.

Los humanos tenemos la facultad de dar coherencia por medio del uso de la razón a las propuestas que percibimos, para distinguir los engaños, y así poder distinguir la falsedad de la verdad, y comprender el bien basado en la realidad de las cosas.

Esta conciencia tiene la capacidad de la curiosidad. Un hambre insaciable de explorar el cosmos y de aprender, de salir de nuestra ignorancia para experimentar lo que creemos que es más valioso.

Cuando el Espíritu llevó a Jesús al desierto para ser tentado, y después de haber ayunado por cuarenta días y cuarenta noches, tuvo hambre, y al ser tentado, respondió: "El ser humano vivirá, no sólo de pan, sino de cada palabra que exprese Dios" y en otro pasaje, después de alimentar a cinco mil hombres (sin contar niños y mujeres), Jesús explica: "YO SOY el pan de vida. Quien viene a Mí no tendrá hambre, y quien cree en Mí nunca tendrá sed".

Esto es, que Jesucristo es esencial para sostener nuestra vida. Jesucristo es un pan que nos permitirá vivir para siempre.

Nunca estaremos satisfechos sin Él. Él Es el pan que satisface nuestra hambre de respuestas a las grandes preguntas acerca de esta vida que tratamos de responder trabajando mucho y persiguiendo las riquezas materiales de lo que creemos que es la realidad.

¡Mira este maravilloso consejo! Todos los días, nos despertamos con hambre, y gran parte de lo que hacemos es buscar algo de comida para saciarla, sin embargo, en el caso de Jesús, no es necesario desplazar nuestro cuerpo para encontrarlo, pues Él está en todas partes, atento para que pidamos su guía para que encontremos lo que mejor nos conviene desde la primera acción que decidamos tomar esta mañana.

La razón por la que Él Es Maestro maravilloso es porque nos habla la verdad de Quien Es Él, y porque esencialmente nos ama a los seres humanos, y quiere que salgamos de nuestras tinieblas e ignorancia.

Un Maestro es alguien hábil en una técnica. En un conocimiento especializado. Sabio en la administración de asuntos. Prudente y sabio.

Jesús Es El Maestro más maravilloso que cualquier ser humano puede llegar a ser. Era considerado con todos los que le hacían preguntas, amaba a las personas y su objetivo principal es que el conocimiento del "Buen mensaje" taladrara los sentidos para que entrara a las mentes y sus corazones.

Él nos ha regalado la oportunidad de conocer los detalles de su carrera profesional como Maestro a través del recuento de su "Buen mensaje" que sirven como testimonios de su vida y sus palabras cuando se hizo hombre y caminó entre los humanos.

Jesús es el Maestro fuera de serie, que nos enseñaba el buen mensaje hablando con autoridad. Él Es una perspectiva fresca para nuestras mentes. Su enseñanza es siempre desafiante de los engaños y las convenciones sociales que distorsionan la buena forma de vivir.

Muy pocas veces usaba un lenguaje demasiado técnico o erudito, aunque muchas veces Sus palabras nos suenan como en un código que sólo podemos interpretar al recibir Su Espíritu en nuestros corazones y mentes. Si conoces Quién Es Él, es mucho más sencillo entender sus palabras.

Por ejemplo, Él estaba en desacuerdo en la manera en que el pueblo de Israel y sus instructores estaban interpretando la manera en la que había que relacionarse con Él en tiempos del Segundo Templo.

Cuando Esdras y Nehemías iniciaron la reconstrucción del Templo, los sacerdotes eran escribas de la Ley, pero con el paso de los siglos, llegaron a hacerse expertos e intérpretes de la Ley de Moisés y ponían cargas absurdas a las demás personas para obtener beneficios propios.

Nicodemo era un maestro de Israel, además de ser rico, también era miembro de la Asamblea de sabios de Israel en tiempos de Jesús.

El hombre más sabio y letrado de la época de Jesús se acercó con prudencia ante Él una noche para reconocerlo como su Maestro, y para conocerlo mejor. Jesús a cambio de la curiosa humildad que mostró Nicodemo, le explica el Plan de Dios para el ser humano en muy pocas palabras.

Jesús se valía de refranes, metáforas, historias, ilustraciones, bromas y proverbios en sus discursos o en sus pláticas, pero su forma favorita de enseñar era interactuando con los seres humanos.

Él Es Maestro, y los temas donde centró su enseñanza siempre fueron Dios, cómo conocer la voluntad de Dios para nuestra vida, cómo conducirnos con las demás personas, y los resultados y consecuencias de nuestras decisiones cuando enfrentemos el Juicio Final al final de nuestras vidas.

Él no es el tipo de maestro que se encierra en una habitación para hablar de cosas que no ha experimentado o que sólo memorizó para recitar.

Él caminaba junto las personas, se sentaba debajo de los árboles para pasar un buen rato de preguntas y respuestas, recorría las sinagogas para estudiar las Escrituras, o las calles para encontrarse con las personas que sufrían de necesidades.

La manera en la que Él presenta la verdad es irresistible y siempre llena de lógica brillante. La forma en que construye las historias nos invita a identificarnos con los personajes en la narrativa. Siempre son sorprendentes las conclusiones, y te invita a cuestionarte de forma práctica si el conocimiento impacta tu forma de vivir.

No sólo explicó con palabras la manera correcta de interpretar el Sábado a los judíos. Además, demostraba conocer detalles precisos de las mismas Escrituras que validaban su interpretación, e incluso demostraba con sus actos que Él Es soberano de los días, y el Mesías esperado, lo que sacaba de sus casillas a los que pensaban que eran dueños del conocimiento.

Él nos enseñaba a ver por los desposeídos, y al mismo tiempo tocaba a los ciegos, leprosos, cojos y endemoniados como los deprimidos y ansiosos. Él enseñaba que el mayor de todos servía a los demás y congruente con esto, lavó los pies a sus discípulos.

Él no es como los maestros humanos que estudian para conocerlo todo en sí mismos, sentirse superiores a los demás que considera inferiores por su ignorancia, y proclaman que saben cosas sin realmente haberlas experimentado.

El correcto uso de la razón no es como cuando nos guiamos por pasiones para engañar con verdades a medias, para escondernos en la ceguera, fomentar la ignorancia, ponerse a la defensiva por las preguntas difíciles de contestar, o atacar a los demás con la condescendencia.

Por medio del uso de la sabiduría, la comprensión del conocimiento y la razón es que podemos determinar las prioridades.

La razón es comprensión, pero también incluye la demostración, porque esto permite aprender, y en consecuencia conocer. No es suficiente con creer que conocemos la verdad si no vivimos en la verdad.

El brillante uso de la razón se basa en descubrir los malentendidos y sacar a la luz las trampas mentales que no nos permiten vivir en la verdad. Por eso decimos que Él Es la luz brillante que alumbra la vida de los seres humanos.

Él lo conoce todo, y nos descifra lo que realmente es importante para que nosotros vivamos mejor.

Él no nos intimida, no nos aturde ni nos golpea espiritualmente por nuestra ignorancia, sino que utiliza sus facultades agudas para ayudarnos a encontrar la verdad.

Una de las cosas más interesantes de Jesús como Maestro es que nos permite ver la vida bajo Su perspectiva.

Él hace uso de la razón en todo momento usando una lógica poderosa e irresistible para exponer las falsedades, y enseñar lecciones importantes para nuestras vidas.

Su manera de enseñar fue siempre a través de la lógica, con historias bien armadas que pudieran tocar no sólo la razón de la mente, sino también los pensamientos que el corazón puede recibir y levantar el ánimo. Veamos uno de tantos ejemplos:

"De hecho, una pareja de gorriones se vende por cincuenta dólares,
pero ninguno de ellos cae al suelo sin la voluntad de tu Papá,
e incluso cada cabello de tu cabeza está contado,
así que no temas, tú vales mucho más que los gorriones."

Reexaminemos:

"Un gorrión vale 25 dólares, que es el salario de un día (o de una semana).

Mi vida durará 120 años, que son poco menos de 44 mil días, lo que equivale a 1 millón de dólares a precio de gorrión.

¡Mi vida vale mucho más que todos los gorriones del mundo, y ciertamente muchísimo más que 1 millón de dólares!

Y como ningún gorrión cae al suelo si no es la voluntad de mi Papá, que tiene contados cada uno de mis cabellos…

¡entonces no tengo nada que temer!"

Si hice bien este silogismo, me parece que es una demostración de un razonamiento lógico de nuestra mente que impacta de forma maravillosa cómo nos sentimos.

Lo mismo ocurre cuando Él nos enseña a vivir nuestra vida o a relacionarnos con Él. Su manera lógica de razonar explicar cómo funciona esta vida no sólo alumbra nuestra mente, sino que toca nuestros corazones.

Cuando yo era niño, en algún momento razoné que tener conocimiento de algo era una carga, porque a veces, los humanos podemos cometer estupideces pensando que actuamos "de buena fe", conforme a nuestra propia justicia, mientras que, al conocer la verdad, nos pone en una responsabilidad de hacer lo correcto.

Confieso que eso me hacía pensar o hasta decir "Mejor no quiero saber", de manera que tuviese una excusa para mi rebelión, y de alguna forma justificar mi conducta malvada.

Cuando era joven, mi pastor John Strome me explicó la revelación del Profeta Samuel:

"יהוה se deleita en los sacrificios de ofrendas quemadas
y en quien escucha la voz de יהוה.

Pon atención, comprender es mejor que los sacrificios,
estar atento es mejor que la grasa de los carneros.

La rebelión es la bestia oculta de la brujería,
y la arrogancia el problema de la idolatría"

Si estuviésemos en las Olimpiadas, donde el arquero debe dar en el blanco para obtener la medalla, no sólo apuntar en sentido contrario al blanco es un error. Fallar por un metro también es fallar en el blanco.

De igual manera, desviarnos "un poco" de nuestro camino y de nuestro propósito nos conduce a la adivinación y a la brujería.

Él Es nuestro Maestro, quien nos muestra la forma de encontrar la felicidad, pero podría ser que nuestro corazón se vuelva duro o amargo. Cuando un ser humano decide desconocer la autoridad de Él, es cuando decidimos actuar en rebelión, y es cuando tomemos la decisión de construir nuestros propios caminos pensando que sabemos mejor que Él lo que necesitamos para nuestras vidas.

Esto es a lo que Él llama una transgresión, una ruptura con la verdad, y, por tanto, un acto de rebelión.

Para intentar sobrevivir en una manera de pensar separada de Él, las personas desarrollamos un carácter cruel, duro, obstinado, difícil de tratar, intenso y vehemente.

Es una terquedad imprudente. Una oposición constante a la voluntad de Él. Una audacia rebelde para vivir en desobediencia, sin respetar a nada ni a nadie. Sin honor ni reverencia por nada.

Personas difíciles de educar, que se resisten a la verdad, porque no obedecen a la autoridad de Él.

Esta desobediencia nos vuelve irritables, insoportables muchas veces, en fomento a las falsedades que nos vamos construyendo para tratar de justificar nuestra forma de vivir y pensar, y rechazar todo tipo de obligaciones que pensamos nos van a quitar nuestra libertad.

Nos podríamos volver hostiles al sólo escuchar mencionar de Él y de sus caminos. Como que ya tomamos una decisión y será difícil que algo maravilloso venga y nos haga cambiar de opinión. Llegamos a pensar que como ya escogimos este camino, no hay marcha atrás de nuestra rebelión y de nuestros actos, y nada nos puede detener de alcanzar sus últimas consecuencias.

Nuestros principales problemas de rebeldía provienen de ignorar la voz de Dios. Es una conducta humana desafiante a Su Autoridad, desobediente de sus explicaciones e incumplidora de Sus mandatos.

Ingenuamente, es un engaño que les hace creer a las personas que por sus intenciones de resistencia podrían de alguna manera quitar legitimidad a Su Poder, o derrocar el dominio que Él tiene sobre el cosmos.

Este es el espíritu esencial de las personas que comienzan a practicar lo que llaman gentilmente "la magia blanca".

La maldad empieza con algo común que todos practican. Una omisión intencional, una mentira blanca. Puede ser un poco de pornografía, una canita al aire como un acto de adulterio o de prostitución que en apariencia no hace daño inmediato, pero que es el inicio de la idolatría del sexo.

También por tratar de encontrar señales en todo lo creado. Interpretar el sonido de los insectos, encontrar formas en las nubes, o el sonido de las hojas o la posición de los planetas. Luego viene la búsqueda de conocimientos ocultos, la adivinación y los encantamientos, llegando a tal nivel de seducción que resulte difícil distinguir que contactar a los muertos, invocar espíritus o realizar sacrificios de seres vivos es una mala idea.

Es en realidad una forma retorcida de buscar lo divino.

Son todos esos intentos de manipular la realidad y a Dios, para que ocurra lo que consideran más conveniente de acuerdo con sus pequeñas voluntades.

Neciamente, no entienden que comprender y conocer es mucho mejor que los sacrificios, porque al comprender te puedes ahorrar muchos problemas, y poner atención evita que tengas qué pedir perdón por una estupidez muy costosa.

Podrías caer engañado una vez. Pero persistir conscientemente en desviarte de tu camino y tu propósito, a pesar del conocimiento, las explicaciones y las advertencias, es lo que se conoce como rebelión, y es la esencia de la brujería.

Desdeñar las enseñanzas de Dios es tan malo como la rebeldía, porque nos aparta del camino de Dios, y sin arrepentimiento abre espacio a los espíritus que destruyen nuestras vidas. Brujería no es más que someter la voluntad a ser guiados por pensamientos distintos a los de Él.

Funciona de la siguiente manera: Empiezas a apartarte de Dios, podrías reconocerlo, pero ya no es tu Dios. A veces, elaboramos argumentos y excusas para justificar nuestra desobediencia. Como si con nuestra desobediencia y desafío estuviéramos sirviendo a la justicia de Dios.

Suponiendo que Él usa el dolor para ayudarnos a darnos cuenta de nuestra maldad. nos convence de que estamos en un error, pero en nuestra arrogancia, soberbia y orgullo escogemos no volver a Sus Caminos, sino persistir en nuestra forma de pensar errónea, entonces estamos en rebelión.

Rehusarnos a corregir el rumbo, y mantenernos en caminos malvados con terquedad, en mantenernos en los engaños para mantener nuestra atención, y obediencia en falsedades.

Lo lógico es que, si lo rechazamos a Él, entonces Él en su amor nos permitirá salirnos con la nuestra, y removerá Su herencia de nosotros.

Él es el Maestro y nosotros sus estudiantes o discípulos. Una de las razones por las que Él es un Maestro excepcional, es porque nos enseña a ser buenos alumnos con su ejemplo.

Jesús desde nene a los doce años, se interesaba por lo que las personas opinaban de Él. Escuchaba mucho a los doctores de la Ley. Hacía muchas preguntas, interrogaba a todo aquel que quisiera enseñar y cuestionaba su manera de pensar.

Él no fue un niño rebelde, sino obediente con sus papás terrenales, y así crecía en estatura física, pero también en sabiduría y siempre fue muy agradable conocerle a Él.

Él ponía mucha atención a las respuestas para hacer las preguntas correctas y todos los que le escuchaban se maravillaban de su inteligencia y de sus respuestas, pues Él estaba atendiendo los negocios de Su Papá.

De esta forma, nos enseña que lo lógico es amar a Dios sobre todas las cosas con todas nuestras fuerzas, toda nuestra vida y toda nuestra mente.

Él mismo nos enseña con su ejemplo, la pasión y el amor que hay que poner en hacer preguntas acerca de Su Palabra y de lo que las Escrituras nos quieren decir, y que la reflexión en Su Palabra es uno de los negocios que más le importan que atendamos a nuestro Padre.

Siempre sus preguntas fueron genuinamente maravillosas y cariñosas. Lejos de hacernos sentir mal con nuestras propias opiniones, las elaboró cuidadosamente para que nos cuestionemos si lo que creemos fuese una falsedad o una verdad a la cuál aferrarnos.

Otro ejemplo de que Él se alegra cuando dedicamos intelecto a conocer Su Palabra.

Desde la Antigüedad, ha sido común que los estudiantes busquemos lugares cómodos para estudiar al aire libre, sería lógico entonces buscar árboles que nos permitan disfrutar de sombra y comodidad para concentrar nuestra atención. La higuera provee estas características, además de proveernos con frutos dulces que alegran nuestro aprendizaje.

Cuando Felipe de Betsaida, se encuentra con su amigo Natanael, su argumento para ir por él es que Jesús es aquel de quien escribió Moisés en la ley y los profetas.

Natanael, estudiante de las Escrituras cuestiona inmediatamente si algo bueno pudiera salir de Nazaret, y es por medio de su curiosidad con la que decide levantarse de su estudio para conocer a Jesús.

Jesús, conociendo el hambre de lógica y celo por la verdad de Natanael, lo reconoce como un "israelita que camina en la verdad, en quien no hay engaño".

Esto significa que Natanael de Caná de Galilea tenía una mente aguda que todo lo cuestionaba, y justo su pregunta es: ¿Cómo me conoces?, y Jesús le contestó: "Antes de que Felipe te llamara, te vi claramente bajo la higuera" demostrándole que Él Es Siempre

Presente, y bajando su guardia de escepticismo totalmente. Esto es suficiente para que Natanael no tenga otra respuesta que reconocerlo como Maestro, el Hijo de Dios y el Rey de Israel.

Vemos a Jesús dando la bienvenida a pescadores, hombres comunes que tenemos un corazón ardiendo por la verdad y a los eruditos más preguntones y escépticos que todo lo cuestionan. Jesús no sólo extiende su amor inagotable para todos los seres humanos, sino también nos brinda maravillosos descubrimientos de quien es Él.

Él conoce perfectamente la humanidad de todos los que lo escuchamos. En sus palabras podemos percibir empatía por nuestra imperfección humana.

Aunque Él tenía autoridad moral porque nunca cometió fallas ni caminó en la maldad, no usaba eso para restregárnoslo en la cara. Cuando Él habla, se siente el respeto y la comprensión de que nosotros los que escuchamos somos imperfectos.

Si usaba terminología religiosa, nos la explicaba, y no nos abrumaba con demasiada información. Usaba conocimiento antiguo o figuras con las que todos nos podemos relacionar, desde el más erudito hasta el menos educado, desde un niño hasta el doctor más letrado, para desarrollar nuestro criterio y explicarnos temas complejos como la confianza o la fe.

Todas sus enseñanzas son precisas, poderosas, lógicas, fáciles de interpretar o encontrar evidencias, bien ilustradas, originales, y, además, tenían la muestra del testimonio de muchas personas.

Él es el orden del Cosmos. Él puede descubrir en nuestras mentes los secretos más escondidos de los sabios y eruditos. Conocerlo a

Él, y los principios con los que establece el cosmos y nuestra realidad, nos permitirá pensar con claridad en todos los asuntos menos espirituales como la física, los negocios, el dinero las relaciones sociales y el amor.

Ante nuestras dudas y prejuicios, Él constantemente nos reta a pensar correctamente y a usar la razón para comprender mejor la realidad de lo que ocurre.

Sus instrucciones finales fueron enseñar.

"Viajen por todo el Cosmos y enseñen a todas las familias"

Actualmente miles de misioneros están en todas las naciones enseñando, y nosotros hemos sido enviados por Su Poder a ser imitadores de Jesucristo, enseñando como él lo hizo a todas las criaturas y a cada nación a conocer más del maravilloso secreto que preparó desde el inicio de los tiempos para que podamos disfrutar de Su Poder por el resto de nuestra vida.

La última vez que sus discípulos vieron a Jesucristo, no lo vieron angustiado, ni sufriendo en la cruz, sino cuarenta días después de su resurrección, vieron cómo su cuerpo glorificado fue exaltado, mientras los bendijo como a sus hermanos menores.

Sus discípulos regresaron a Jerusalén para esperar al Espíritu Santo unidos y en oración. Cincuenta días después de la crucifixión de Jesús, el día de Pentecostés, estaban todos los creyentes reunidos en un mismo lugar se escuchó un ruido como un estruendo desde el cielo y todos los presentes fueron llenos del Espíritu Santo.

Antes de partir, Jesús explicó a sus apóstoles que era mejor que Él se fuera, para que enviase a Su Espíritu Santo que es nuestro Abogado Defensor, cuya función es convencer al mundo de la maldad (porque el mundo se niega a creer en Él), de la justicia de Dios (que ahora está disponible) y del juicio que viene (sobre Satanás que ya ha sido juzgado y que conocemos su final).

El Apóstol Pablo, al explicar la importancia de Su Espíritu en nuestras vidas explicó:

"Yo me convertí en su sirviente por la mayordomía que Dios me dio
para llenarlos a ustedes del razonamiento de Dios,
del secreto que estaba escondido desde la eternidad y a las generaciones,
pero ha sido revelado a Sus santificados,
a quienes Dios ha deseado que sea dado a conocer de entre las familias de extranjeros,
el glorioso valor de este secreto:

<u>Que Cristo Es en ti. La esperanza de gloria.</u>"

Este Espíritu es el Espíritu de Jesucristo mezclado con tu espíritu de ser humano. Es un regalo de Él, que puedes recibir si lo pides con fe. El mundo no lo puede recibir porque no lo ve, no lo conoce y no está dispuesto a reconocerle.

Él vive en nosotros y sabemos que viviremos después de la muerte por Su Espíritu. Cuando Jesús dijo que nos conviene que Él se haya ido, es porque maravillosamente Él Es, personalmente, en cada uno de los miles de millones de seres humanos que le invocamos.

Su Espíritu nos permite participar de la victoria que Él alcanzó.

Él Es quien suplica por nosotros, nos da consuelo, nos exhorta, nos anima y nos garantiza que no vivimos como huérfanos a la merced del miedo, la desesperación o la ansiedad.

Este maravilloso regalo, es la llave secreta que Él preparó desde el inicio de los tiempos, para que a quienes Él escogió, se nos permitiera ser purificados por Su Sangre, santificados, y preparados para poder acceder a Su gloria inaccesible.

Él Es nuestro Consejero en la manera en que nos podemos acercar a Él, sin que seamos destruidos por Su Santidad y Su Justicia.

Es nuestro abogado maravilloso que hace una interpretación de la Ley para que podamos estar inscritos en el Libro de la Vida, y no seamos juzgados por nuestras obras que siempre serán insuficientes.

Un abogado que garantizara esto sería costosísimo, y por supuesto que lo Es, pues Su sangre preciosa es el valor más elevado que ha habido, pero nosotros no tuvimos qué pagarlo. Es Él quien nos lo ha facilitado para resolver nuestra insuficiencia.

Él Es Siempre disponible, eternamente confiable, maravillosamente incomprensible, más allá de cualquier explicación humana.

Es nuestro Rey que nos guía como su pueblo que tiene el corazón roto, y nos convierte en un pueblo de sacerdotes en formación para la eternidad en este mundo en decadencia.

Él escucha nuestras oraciones, nos conoce a la perfección como humanos, nos cuida con compasión y tiene la autoridad para darnos los mejores consejos porque lo sabe todo y es siempre presente, en todos los rincones del cosmos.

Cuando se hizo hombre, nos cautivó con lo brillante y práctico que es su genialidad de Hacedor de milagros y Maestro Sabio, capaz de sanar enfermedades del cuerpo y del alma, y levantar a personas de entre los muertos.

Ahora en Su Espíritu nos da la dirección que nuestras vidas necesitan, nos maravilla lo poderoso que actúa en nuestras vidas cotidianas, y tenerlo en nuestras vidas es el sello o la garantía de que nos levantaremos de entre los muertos con un cuerpo incorruptible como el de Jesucristo.

Él Es ese regalo que siempre pedíamos. Un maravilloso consejero que nos llene de valor, coraje y excelencia para acercarnos a nuestro Papá Celestial como un nene que puede confiar en su Poderosa mano.

Podemos encontrar consejo al leer las Escrituras, lo que los profetas y discípulos vieron y nos compartieron respecto al conocimiento y la comprensión de la voluntad de Él en las Escrituras, pero al aceptar a Jesucristo como nuestro Redentor, su Espíritu nos ayuda a iluminar nuestra mente y nuestro corazón para darle interpretación y sentido a la Escritura en nuestra vida cotidiana.

Él es poderoso y maravilloso para resolver problemas. Él conoce muy bien el camino que debemos seguir para conocerle más.

Los ángeles se asombraron cuando vieron que Él mismo se hizo hombre para salvar a la humanidad, pero se maravillan del inmenso amor de Él al decidir acompañarnos tan íntimamente ligado a nuestro espíritu hasta el último aliento de nuestras vidas.

"¿Qué papá entre ustedes, si viene su hijo y les pide un pescado,
le darían una serpiente en lugar del pescado?
¿O si les pide un huevo, le darían un alacrán?
Así que, ustedes siendo maliciosos, saben dar buenos regalos a sus
hijos,
¡cuánto más su Papá en el cielo dará Su Espíritu Santo a quienes se
lo piden a Él!"

Qué manera tan agradable del Maestro Jesús de usar su Maravilloso
Consejo en nosotros.

Testigo Fiel

Incluso escuché como el rugido de una inmensa multitud,
como el sonido de una gran catarata,
y como si retumbara un poderoso trueno, gritando:

"¡Alabemos a יהוה pues nuestro Señor Dios el Todopoderoso reina!
Alegrémonos, celebremos y démosle la gloria a Él,
pues ha llegado el momento de la boda del Cordero,
y su novia se ha preparado ella misma.

A ella se le ha dado un vestido de lino fino, brillante y puro.
Pues el lino fino representa los actos de justicia de los consagrados a Dios.

Luego me pidió que escribiera:

"Felices aquellos que son invitados a la cena de la boda del Cordero"

Y luego me dijo a mí: "esas son las palabras exactas de Dios"

Así que caí a sus pies para adorarlo a él, pero él me dijo:

"Cuidado, yo soy un compañero en el servicio contigo,
y con tus hermanos que dependen del testimonio de Jesús.

¡Adora a Dios!
Pues el testimonio de Jesús es la esencia de la profecía."

Revelación de Juan 19:6-10

Él Es testigo fiel y verdadero.

Él Es la Luz de este mundo, las tinieblas no lo pueden dominar ni existe oscuridad que se le pueda resistir. Él Es luz dominante e inaccesible. Él Es claridad y ante su luz se disipa toda confusión.

No existe problema que Él no pueda resolver, y no hay ignorancia que Él no pueda disipar.

Cada mañana Él reinicia nuestras vidas y nos muestra su poder misericordioso.

La luz tiene qué ver con los ojos. Gracias a la luz, es por lo que no tropezamos cuando todo parece estar oscuro.

Con su Luz es que se muestra favorable hacia nosotros cada mañana. Su palabra alumbra nuestros pasos para que no tropecemos.

Cuando en español usamos el término "mártir" nos referimos a un testigo ocular, y no necesariamente al dolor o sufrimiento que pudiera provenir de aferrarse a la opinión de un testimonio.

Como no podemos conocerlo todo ni estar en todas partes, muchas veces necesitamos de testimonitos que nos ayuden a formar nuestras opiniones o juicios acerca de la realidad. La calidad del testimonio será esencial para que nuestros juicios sean verdaderos y rectos.

Un testigo es alguien que experimentó un suceso histórico de primera mano y verifica los detalles de los eventos como él los percibió.

Hay testigos falsos que engañan con sus dichos, y hay testigos fieles en quienes podemos confiar, porque, aunque no podamos estar ahí para verificar los hechos, sabemos que sus palabras son verdaderas.

Cuando decimos que Él Es el Testigo Fiel, es porque sabemos que siempre dice la verdad. Lo que escuchamos de Él no es un cuento, podemos confiar en que sus promesas ocurrirán.

Esto lo puedes verificar si estudias los testimonios sus palabras y su vida humana con una mente abierta y un corazón dispuesto. Saca tus propias conclusiones.

Si alguna vez te das la oportunidad de conocer a detalle las Escrituras, te darás cuenta de que toda Su palabra apunta a Él.

Él Es testigo fiel de que es posible tener una relación íntima con nuestro Padre Celestial. Él Es testigo fiel de que hay un plan perfecto que le da propósito a nuestras vidas aquí en la tierra.

Su testimonio es fiel y verdadero, que Él se levantó de entre los muertos y que volverá con Su Ejército poderoso y victorioso.

Por su testimonio fiel sabemos que es verdad, que conoceremos la felicidad cuando recibamos la invitación a la cena de la boda del Cordero y estemos ahí para atestiguarlo.

Nosotros somos testigos de las obras maravillosas y poderosas que Él hace en nuestras vidas.

Es el Testigo Fiel porque es el Jefe de los centinelas y Padre de las luces.

Podemos estar seguros de que Él nunca nos va a desamparar ni dejarnos huérfanos de su Palabra.

Él siempre tendrá una palabra de ánimo para fortalecernos. Él siempre mostrará Su voluntad inspirando y despertando a personas que hablen y testifiquen de Él.

Nunca estaremos solos, porque el trabajo es mucho, y Él siempre se asegurará de enviarnos obreros para que nos hablen de Él y nos den testimonio de Él y de sus maravillas.

Él envía ángeles que acampan a tu alrededor, y protegen tu entrada y tu salida de tu casa y de tu ciudad de cualquier intención o voluntad que quisiera hacerte daño.

Cuando envió a sus apóstoles fue para poner los fundamentos de la buena noticia de que Él se levantó de entre los muertos, y que vive en nosotros por medio de Su Espíritu.

Cuando nos envía profetas es para anunciarnos sus instrucciones, para que nos preparemos ante nuestros verdaderos adversarios.

También nos enviará especialistas en propagar la gloria de sus buenas noticias. Son gente imparable, feroz, indomable e invicta que no se avergüenza de dar testimonio de Él.

Él se encargará de enviarnos pastores para demostrarnos que siempre habrá alguien dispuesto a enfrentar los peores peligros para ir a rescatarnos de nuestras imprudencias, y que nuestras necesidades de aliento, descanso y alimento espiritual siempre estén cubiertas.

Cuando nos envía maestros es para explicarnos los más pequeños detalles de su amor inagotable, pero también para explicarnos el propósito grande de su plan perfecto para nuestras vidas.

Él tiene estas bondades hacia nosotros, porque quiere que maduremos en nuestra adoración hacia Él.

Sabemos con alegría que Él es bueno, y siempre nos cuida. Siempre envía una salida y un auxilio para los problemas porque su misericordia es inagotable.

Él es accesible hoy. Será fácil de encontrarle para quien quiera hallarle, mientras pueda ser hallado.

Él Es quien envía a Su Iglesia como el rayo de luz del sol para alumbrar a los hombres de este mundo con nuestras buenas obras.

Ciertamente ninguna obra es demasiado importante ni ninguna es demasiado pequeña a medida que todos juntos vamos construyendo su reino, que, por cierto, no es de este mundo.

Con su resplandor Él conoce el detalle de nuestras debilidades e imperfecciones. Nadie se puede gloriar ante él.

No tenemos ningún mérito al hacer lo que nos manda a hacer. No tenemos por qué esconder las riquezas de su gloria que nos alumbra y resplandecen en nuestros rostros. Ser testigos de su Presencia en nuestras vidas nunca debe ser motivo de vergüenza.

Por el contrario, mientras más valientes seamos para compartir esta buena noticia, más felices podemos llegar a ser, y más felices podemos hacer a los demás.

El corazón y la esencia de la profecía es dar testimonio de Jesús.

"No se enciende una lámpara y se pone debajo de una canasta. Sino que se pone en un lugar alto, para que la luz ilumine a todos los habitantes"

En esta vida, la única medida de valor que cuenta es la que Él nos establece. Lo que los hombres piensan de nosotros está en segundo término.

La fama de su nombre se expande como la aurora de la mañana, sus enemigos se esconden y huyen despavoridos ante Su poder.

Algunas veces la oscuridad se resistirá a la verdad.

No te angusties porque exista persecución, porque tengas qué pasar por acoso debido a tu fe. Las persecuciones son oportunidades que Él nos da para mostrar compasión, amor y misericordia a nuestros semejantes.

Él Es testigo fiel y sabe por lo que está pasando, ten por seguro que no eres la primera persona que sufre algún tipo de rechazo por encender una luz en las tinieblas.

Recuerda que somos un ejército, una multitud y somos muchos tus compañeros que dependemos del testimonio de Jesús.

Están los que enfrentaron leones, los que casi mueren a filo de espadas y fusiles, están los que fueron azotados y otros recibieron burlas y amenazas. Otros fueron encadenados, otros exiliados, empujados de edificios, a algunos cortaron sus cuerpos, a otros los quemaron en hogueras, los colgaron en maderos o fueron empujados a la pobreza, y tuvieron qué andar como vagabundos.

Ninguno de estos sufrimientos es deseable para nadie, pero considéralos si te toca sufrir por tu testimonio de Jesús. Cuando ellos parecían débiles, en realidad se volvieron más fuertes.

Confía en Él, mantente con firmeza. No te dejes intimidar. No te dejes avergonzar por un problema temporal. Fija tu mirada en Jesús. Él Es el Testigo Fiel por excelencia. Él Es la luz para revelar a Dios a las naciones.

Propósito

El Hijo de Adán

Miren, vienen los días – declara יהוה –
cuando levante para David una Rama Recta,
que reinará sabiamente como Rey
y administrará justicia y rectitud en la tierra.

En sus días Judá será librado e Israel habitará con seguridad.

Su nombre por el que será aclamado es "יהוה Nuestra Justicia"

Jeremías 23:5-6

En mi visión de noche seguí observando,
y observé al Hijo de Adán atravesando las nubes del cielo acerándose al
Anciano de Días,
y fue llevado ante Su Presencia, y le fue dado dominio, gloria, y realeza,
para que cada persona, familia e idioma le brinde reverencia.
Su dominio es dominio eterno que no será removido y su reino nunca será
destruido.

Daniel 7:13-14

Jesús escuchó que fue expulsado, lo encontró a él y le preguntó: "¿tú crees en el
Hijo del Hombre?"
"¿Quién es Señor…" le contestó a Él "…para que pueda creer en Él?"
"Ya lo has visto a Él" Jesús respondió "Es El que habla contigo"

"Señor, creo" dijo y se postró ante Él

Juan 9:35-38

Entonces miré y observé una nube brillante,
y sentado sobre la nube a alguien similar a un Hijo de Hombre,
con una corona dorada sobre Su cabeza, y una hoz afilada en Su mano.

Y otro ángel salió del templo, gritando a fuerte voz al que estaba sentado en la
nube:
"¡Suelta tu hoz y cosecha, porque ha llegado el tiempo de la cosecha;
pues el cultivo de la tierra ya está maduro!"

Y Quien está sentado sobre la nube soltó Su hoz sobre la tierra,
y la tierra fue cosechada"

Revelación de Juan 14:17-20

Nota: Este apartado me ha costado mucho trabajo para digerirlo, porque yo mismo soy muy imperfecto. Nuestra propia injusticia podría crear aversión a este tema. Nada de lo que escribo aquí es para enfadarle la vida a alguien, ni estoy pensando en alguien más específico que en mí mismo cuando reflexiono acerca de este tema.

Él Es quien se hizo hombre de carne y hueso. Cuando caminó entre nosotros, se llamó a sí mismo el Hijo del Hombre, es decir, Hijo de Adán.

Todos los seres humanos, con excepción de Adán y Jesús provienen de un padre terrenal. Adán fue formado del polvo de la tierra y habiendo recibido el espíritu de Dios recibió la vida, mientras Jesús fue concebido por el Espíritu de Dios en el vientre de María.

Por eso Jesús es Hijo de Dios, Hijo de Adán, hijo de Dios, completamente ser humano. Por esto es por lo que el apóstol Pablo decía que el primer Adán es "alma viviente" mientras el postrer Adán, Jesucristo, "Espíritu que vivifica".

Para los judíos, Él es Hijo de David para juzgar y separar a quienes no son conforme a su corazón; para los extraños creyentes que nos unimos en la fe es el Hijo de Abraham para separar a quienes desechan su promesa; pero para todos los hombres también es el hijo de Adán, de manera que ningún ser humano quede exento de su justicia y todos comparezcamos frente a Su tribunal el último día de nuestra existencia en esta realidad.

La diferencia es que donde falló el primer Adán, Él no falló, y su propósito es ser Victorioso.

El Es el Hijo de Adán, un instrumento para administrar la justicia de Dios. Su propósito ha sido determinado desde la Creación, y fue profetizado su nacimiento desde que Él maldijo a la serpiente, al referirse al Descendiente de Adán, que le golpeará la cabeza.

Él ya se acercó a los seres humanos al hacerse hombre, primero tentado para fallar como nosotros, luego Ungido como Mesías Príncipe, después administrando el poder de perdonar pecados y de sanar los cuerpos mientras nos enseñaba la manera en que funciona la justicia de Dios en nuestras vidas.

Luego con humildad sufrió la muerte de cruz, quedando sepultado por tres días en el corazón de la tierra, y con poder maravilloso ha resucitado de entre los muertos, con cuerpo incorruptible para servirnos como un ejemplo y un escape.

Si estás leyendo este trabajo, es porque vives en un tiempo en el que Él ha sido determinado con toda la autoridad sobre el cielo y la tierra, pero aún no llega el momento adecuado para que administre a plenitud la Justicia de Dios a la humanidad.

Los seres humanos nos abrimos paso en la realidad, y creemos que a nuestro modo podemos determinar nuestras vidas, y nos inventamos maneras para tratar de justificar nuestra maldad y rebeldía.

A nivel personal, tenemos la artimaña perfecta. Con elegancia y socarronería decimos: "Nadie es perfecto. Nadie puede juzgarme, y quien esté libre de maldad que arroje la primera piedra."

Por otra parte, cuando somos creyentes andando peligrosamente en los caminos de maldad decimos: "Al cabo Dios es bueno, seguro en el último minuto me arrepiento y Él es tan bueno que me perdonará por mis imperfecciones."

Además, nos creamos nuestra propia idea de la justicia, implementamos instituciones para resolver conflictos y establecemos instituciones para garantizar el funcionamiento de sistemas que permiten la perpetuidad de nuestra forma de pensar.

Decimos que la justicia es un principio moral que se basa en el uso de la razón para que cada uno obtenga lo que le corresponde o lo que le es debido, y que una persona que merece un castigo recibirá la justicia cuando la pena o la condena sea equivalente al acto por el que se le acusa.

Para el ser humano, la justicia de la tierra es una señora que a veces está ciega para no caer en los prejuicios, que usa balanzas para determinar que lo aparente es una evidencia, y lleva una espada afilada para cortar cualquier intento de desobediencia, siendo su veredicto definitivo.

Por cierto, quizás haya ordenanzas o leyes que sean elaboradas con el propósito de ser justas y que condenen a quienes no las cumplan o no las respeten, y por otro lado habrá actos que sean en mayor rectitud que las leyes promulgadas actualmente.

Él conoce perfectamente los momentos en que los has rechazado. Él lo conoce todo a la perfección, hasta tus motivos más íntimos.

Por ejemplo, podrías pensar que sólo tú conoces ese adulterio que cometiste en tu matrimonio, podrás hacerte creer que sólo tú sabes de esa pornografía que ves en lo secreto, que sólo tú conoces la verdadera historia de por qué destruiste ese matrimonio con tus calumnias e intrigas, que sólo tú sabes de los ídolos que cultivas, o que sólo tú conoces los secretos de manipulación que llevaste a cabo para quedarte con esa herencia, pero la realidad no es así.

Pero la justicia del Hijo del Hombre no es igual a la justicia de los seres humanos.

Él sí se hizo hombre y caminó entre nosotros en perfección, por tanto, Él Es quien tiene autoridad moral para juzgarnos.

Él Es quien lo conoce todo, lo ve todo, es siempre presente, Todopoderoso, Altísimo Rey Soberano sobre todos los gobernantes de la tierra. Él determinó el número de nuestros días en la tierra, y nos llamará ante Su Presencia para rendirle cuentas de forma súbita, como un relámpago, cuando menos lo esperemos, tomándonos de forma desprevenida.

Él no es parcial porque no depende de la tierra, conoce a la perfección cada detalle de cada instante en cualquier parte del Cosmos, nada escapa de su mano, y en el momento indicado administra la verdadera justicia con una hoz, que sirve para separar el pasto que sólo sirve para alimentar el fuego, del alimento provechoso para la vida.

Quizás has notado que la justicia humana podría dejar resentimiento en quien no le es favorable un veredicto, pero en la justicia de Dios no hay espacio para el resentimiento. Simplemente es una justicia perfecta.

Debido a que lo conoce todo, y a que lo ve todo, Él puede juzgar a la perfección. No queda espacio a la duda, quienes ya han sido juzgados pueden corroborarlo, ni siquiera hay lugar a las quejas porque el culpable es echado al fuego para recibir su castigo permanente, pues no existe la cárcel o el espacio para el arrepentimiento después del castigo.

Es verdad, todo ojo le verá cuando Él vuelva en poder para juzgar la tierra y determinar lo que es paja para alimentar al fuego, y separar lo que es valioso, que está inscrito en el Libro de la vida, que perdurará para el nuevo cielo y tierra que Él ha preparado.

En los seres humanos, los que nos pensamos inocentes clamamos por justicia, y nuestra percepción de injusticia en las deliberaciones genera ira y destrucción si pensamos que los inocentes son culpados o si lo, culpables son liberados impunemente.

Un creyente puede sentir ira, pero si realmente es creyente no debe albergar resentimientos ni sentirse lleno de ira demasiado tiempo, mucho menos albergar en su corazón deseos de venganza. Esto es señal de que no confía en que la Justicia le pertenece al Señor, quien ha dicho: "Mía es la venganza, yo pagaré".

Él no es humano para dejarse llevar por una ira incontrolable. Él aborrece la injusticia, y Su Ira sirve para usar poderosamente su fuerza y administrar justicia.

Esto es muy claro y evidente para quien lo quiera entender. Él lo explica en demasiados lugares de la Escritura, y es imposible que alguna de nuestras artimañas lo engañe. En este sentido, nuestra rebeldía y nuestra persistencia en nuestras maldades ocultas juegan en contra nuestra.

Las ovejas que escuchan Su Voz y le siguen, forman parte de su reino de sacerdotes y podrán escapar de la administración de Justicia simplemente por el vehículo de resultarle agradable a Él.

Recuerda que, así como los reyes en el tiempo de Israel decidieron hacer lo malo ante los ojos de Él, o decidieron conducirse en rectitud, mientras tengas vida en esta tierra, puedes tomar decisiones acordes.

Él es el Juez Justo sobre la tierra, a quien es inteligente temer porque es Soberano y Todopoderoso para destruir definitivamente nuestras vidas además de nuestros cuerpos, nadie se puede resistir a su autoridad.

El Ungido

"Él fue oprimido y afligido, y no abrió su boca.
Fue llevado como cordero al matadero,
y como oveja ante sus trasquiladores en silencio, no abrió Su boca.
Por opresión y juicio fue condenado ¿quién pensará en sus descendientes?
Porque fue removido de la tierra de los vivientes,
fue golpeado por la transgresión de Mi gente.

Se le envió al sepulcro junto a los malvados,
y con un hombre rico a su muerte,
aunque Él no hizo ninguna violencia ni engañó con su boca.
יהוה lo trituró y lo debilitó.

Como su vida fue hecha una ofrenda de culpa,
Él verá a su descendencia,
Él prolongará sus días,
y el deleite de יהוה prosperará en Su mano."

Isaías 53:7-10

"Yo no me había dado cuenta de Él, pero quien me envió a sumergir con agua
me dijo:
"En quien veas el Espíritu descender y mantenerse, es Aquel que sumergirá
con el Espíritu Santo"
Yo lo vi, y soy testigo que es el Hijo de Dios."

Al día siguiente Juan estaba nuevamente con dos de sus alumnos,
cuando vio a Jesús caminando y dijo:
"¡Miren! ¡El Cordero de Dios!"
Y los dos alumnos que le escucharon decir eso siguieron a Jesús.

Juan 1:33-37

*Y las doce puertas eran doce perlas, cada puerta era de una sola perla.
La explanada de la ciudad era de oro puro, tan transparente como el cristal.*

*Y observé que no había templo ahí, porque el Señor Dios Todopoderoso y el
Cordero son su templo.
Y la ciudad no necesita del sol, ni luna para que haya luz ahí,
porque la gloria de Dios la ilumina, y el Cordero es su lámpara.
Por Su luz, las familias caminarán,
y hacia ella los gobernantes de la tierra traerán su gloria y el honor de las
naciones.
Sus portales no cierran al terminar el día, pues ahí no hay noche.
Y dentro de ella vendrá la gloria y el honor de las naciones.
Y nada impuro entrará en ella, ni nadie que practique algo detestable,
ni que mienta, sino aquellos que están inscritos en el libro de la vida del
Cordero.*

Revelación de Juan 21:21-27

Él Es el Ungido. El Señalado para salvar a todos los seres humanos de la destrucción permanente que merecemos por nuestra maldad.

En el final de los tiempos de la realidad de este cosmos, Él unificará a Su pueblo y Se establecerá como Templo para que podamos vivir en intimidad con Su Santidad para la eternidad.

Su propósito como Ungido es reunir a todos aquellos que creen en Su Nombre, ser proclamado como Rey de los Judíos, y volver los corazones de los pueblos de las naciones para que todos juntos, proclamemos a una sola voz, y lo adoremos como un solo pueblo.

Desde la Antigüedad, se le da uso al aceite para propósitos cosméticos o medicinales, pero también para asuntos ceremoniales como el cierre de pactos, de manera que se llevara un acuerdo a la solemnidad legal como la transferencia de una propiedad, un matrimonio o la consagración especial de una persona como la designación de un rey, un sacerdote o un profeta.

Para designar a un rey, esto se hacía por medio de un sacerdote que le ungía con aceite. De igual manera, también la consagración de un sacerdote se hacía mediante el uso de aceite.

Podríamos hacer todo el recuento de evidencias, reconocer la autoridad con la que hablaba como maestro, sus virtudes como persona a la que no le fue encontrada maldad, sin embargo, sabemos que la revelación y la confesión de que Él Es el Ungido sólo puede provenir de nuestro Papá Celestial.

Este trabajo sólo expone un breve recuento, pero cada lector sabrá si le fue regalado el Espíritu que le permita declarar que Jesús es el Ungido.

Él Es el Rey Ungido, designado por el sacerdocio de Leví a través de Juan el Bautista, quien preparó su cuerpo lavándolo a través del bautismo de agua en el río Jordán, para ser ungido directamente por יהוה a través de Su Espíritu, en forma de una "k", demostrando que esta unción también correspondía a una Unción de sacerdote, conforme a la unción del Rey Sacerdote Melquisedec.

Esta Unción es sacerdotal, pues Juan El Bautista perteneció a la familia de Leví, pero no ocurrió en el Templo, como en el sacerdocio que ejerció Melquisedec, o en la unción que recibió el Rey David de parte del profeta Samuel, y, sin embargo, cumple con las Escrituras que señalan:

"El trono del Señor permanece por la eternidad,
cetro de justicia es el cetro de tu reino,
amas la rectitud, odias la maldad,
por tanto, el Señor, Tu Señor Te ha ungido con el aceite de la
alegría"

Esto lo podemos constatar también como la unción de Jesús como sucesor legítimo e hijo del Rey David, pues a partir de ese momento, la unción que recibió del Espíritu llenó a Jesús con poder para iniciar su misión, y sabiduría para instruir al pueblo judío en la correcta interpretación de la Ley, y juzgar no por lo que los ojos ven o los oídos escuchan, sino por lo que está en el corazón de las personas.

Después de sufrir la tentación en el desierto, Jesús regresó a Galilea.

"Así que vino a Nazareth, donde había crecido.
Como Él acostumbraba, fue a la sinagoga el día del descanso y se
levantó a leer.
El papiro del profeta Isaías le fue entregado a Él,
y lo desenrolló en el lugar donde está escrito:

"El Espíritu del Señor יהוה es sobre mí,
pues יהוה Me ungió para anunciar buenas noticias a los pobres.

Me envió para vendar a los que están con el corazón roto,
a proclamar libertad a los cautivos, y abrir las puertas a los que
están en prisiones,
a proclamar el tiempo aceptable de la gracia de יהוה."

Luego enrolló el papiro, lo regresó al ministro y se sentó. Los ojos
de todos en la sinagoga estaban fijos en Él y comenzó a decir:
"Hoy esta Escritura se ha cumplido ante sus oídos"

Todos hablaban bien de Él y se maravillaban de las palabras felices
que salían de su boca"

Esto significa que el propósito de su sacerdocio era dar
cumplimiento a lo que la Escritura habla de Él como Ungido. Aquel
que nos librará de nuestros temores, tristezas, nuestras opresiones,
todo aquello que nos ciega y nos mantiene esclavizados como las
adicciones o las depresiones.

Por otro lado, hay un par de eventos en los que se relata que Jesús
es ungido con un perfume costoso y precioso por una mujer
expresando valor y gratitud sin reservas y con devoción. En ellos, se

prepara su cabeza y su cuerpo como un rey que pronto enfrentaría la muerte y la sepultura.

Reflexionemos en el recuento de María, hermana de un pueblo llamado Betania un pueblo cercano a la ciudad de Jerusalén, hermana de un hombre rico llamado Lázaro a quien Jesús había resucitado.

Seis días antes del inicio de la celebración de la Pascua, Jesús fue invitado a cenar a la casa de Lázaro.
María, posiblemente inspirada en un suceso similar que ocurrió en Galilea, tomó un frasco de medio litro de un perfume muy costoso, que valdría casi el salario de un año, de esencia de nardo y ungió los pies a Jesús y los secó con sus propios cabellos.

¿Pero quién es María? Ella fue una mujer adinerada e influyente, Lucas y Marcos se refieren a ella como "de la que habían salido siete demonios". A esta referencia no sólo podríamos identificar demonios modernos como el resentimiento, la depresión, la ansiedad, la tristeza, la soledad, el desprecio de sí misma, la vergüenza, la cobardía o el miedo.

En mi opinión, me parece ingenuo de quienes la juzguen de prostituta, pues ella no tendría necesidad de usar su sexualidad para conseguir un poco de dinero en la ciudad. Más bien, pienso que María cabe perfectamente en el arquetipo de mujer que ha sido herida y que ha decidido volverse fría y calculadora.

El tipo de mujer que se divierte apasionadamente con su sexualidad para disfrutar placeres y conseguir poder de varios tipos de amantes, jóvenes, mayores, muy religiosos, liberales o casados, y hasta posiblemente practicando todo tipo de hechicerías y artes del ocultismo para rendir a los hombres a sus pies y pisotearlos con orgullo.

El tipo de mujer cruel y despiadada que hace que las personas digan "tiene un genio de los siete demonios", y que siempre logra salirse con la suya y hacer lo que le viene en gana. En realidad, no cuenta con muchas amistades. Las mujeres la envidian y los hombres sólo la buscan para tratar de acostarse con ella.

Posiblemente todos conocemos a una mujer así. Bien podría ser una alumna, una amiga, una cuñada, tía, sobrina, una hermana, una novia o esposa, nuestra propia madre o una hijita pequeña quien esté sufriendo esta condición.

Quizás, ella fue la más sorprendida de lo que ocurrió. Posiblemente alguna vez se prometió en su corazón que no sentiría respcto por ningún hombre, pues todos la querían usar por su hermosura de la que estaba orgullosa, y ahora estaba rendida ante la irresistible e inevitable gracia de Él, no por una pasión desordenada y egoísta, sino completamente agradecida por el perdón de sus maldades, ungiendo su cuerpo con perfume, lágrimas y ternura, besando sus pies y secándolos con sus cabellos.

Pero no sólo las personas más orgullosas y egoístas terminaron rindiéndose ante lo maravilloso que era Jesús, y ante la gracia y la fuerza que venía de la Unción que había recibido de Su Padre por medio del Espíritu Santo.

Pero esta no fue la última vez que Él Es reconocido como el Ungido, Rey de Israel.

Unos días antes de su muerte, cuando Jesús entró a Jerusalén para celebrar la Pascua, había sido recibido por una multitud de visitantes dc varias partes del mundo, que habían llegado a la ciudad para las fiestas, y la multitud incluía muchos testigos de la resurrección de Lázaro

Todos tomaron ramas de palmera y salieron al camino para recibirlo gritando:

"¡Hossi-a-na en las alturas!
¡Bendiciones al que viene en el nombre del Señor!
¡Viva el Rey de Israel!"

Cuando unos griegos llegaron a Jerusalén para querer conocer a Jesús, Él dijo para sí mismo:

"La hora ha llegado para que el Hijo del Hombre sea exaltado.

De verdad, ciertamente les explico
que a menos que una semilla de trigo caiga a la tierra para morir,
seguirá siendo semilla, pero si muere, entonces genera fruto.

Quien ama su alma la destruirá,
y quien ame menos su alma en este cosmos,
la mantendrá para la vida eterna.
Si alguien Me sirve, que Me siga,
Y donde Yo Soy, Mi sirviente es también.
Si alguien Me sirve, el Padre le honrará.

Ahora mi alma está muy triste, ¿y qué diré?
¿Padre, sálvame de esta hora?
No, este es el motivo por el que he llegado a esta hora, mejor,

¡Padre! ¡Glorifica tu Nombre!"

Entonces una voz vino de los cielos:
"Lo He glorificado y Lo glorificaré otra vez"

Entonces la multitud parada escuchó y dijeron que había caído un trueno.
Otros dijeron que un ángel le había hablado a Él. En respuesta, Jesús dijo:

"Esta voz no fue para Mí, sino para ustedes.
Ahora el juicio está sobre este cosmos;
ahora el gobernante de este cosmos será lanzado fuera.
Y yo también, cuando sea exaltado de esta tierra,
me llevaré a todos hacia Mí"

Dijo esto para indicar el tipo de muerte por la que moriría,
a lo que la multitud contestó:

<u>"Hemos escuchado de la Ley que el Mesías permanecerá eternamente.</u>
¿Entonces cómo dices Tú que el Hijo del Hombre deberá ser exaltado?
¿Quién es este Hijo del Hombre?"

Jesús sabía en ese momento que a pesar de todas las señales maravillosas que había hecho, la mayoría de la gente aún no creía en Él. Ya hemos explicado cómo muchos de nosotros sólo somos convenencieros, estamos buscando pasarla fenomenal, y mientras nosotros estemos relativamente bien, la vida es en realidad un momento maravilloso para sacarle el mayor provecho posible.

Cuando habló ante el Concilio Supremo de ancianos compuesto por sacerdotes y maestros de la Ley religiosa, el Sanedrín del pueblo judío, ocurrió la siguiente conversación:

"A la madrugada el Sanedrín del pueblo,
tanto con los jefes sacerdotes y escribas se reunieron.
Llevaron a Jesús ante el tribunal y dijeron:
"Si Tú eres el Ungido, contéstanos"

Él contestó:
"Si contesto, ustedes no creen.
Y si yo les pregunto, ustedes no contestan.

**<u>Pero desde ahora el Hijo de Adán
se sienta a la derecha del poder maravilloso de Dios"</u>**

Entonces le respondieron:
"¿Eres Tú entonces el Hijo de Dios?"

Él contestó:
"Ustedes han dicho que Yo Soy"

"¿Para qué pedimos más testigos?"
respondieron "Lo escuchamos por nosotros mismos de Su boca."

Entonces toda la Asamblea se levantó y se lo llevaron a Pilato".

Tenemos, por un lado, que Él fue reconocido como el Hijo de Dios por la asamblea de sacerdotes y sabios del pueblo judío.

Ahora, consideremos que Jesús fue llevado a la casa oficial del gobernador romano, representante de la ley de los gentiles de los que nosotros formamos parte.

Los acusadores de Jesús no querían contaminarse, pero no presentaron cargos, sólo la acusación de que Jesús era un "criminal" por el que debía ser ejecutado. Pilato, al conocer apenas a Jesús, le pregunta "¿Eres tú el rey de los judíos?" con la finalidad de obtener elementos que le permitieran llevar a cabo un juicio.

Jesús le explica a Pilatos que su reino no es de este cosmos. **"¡Entonces Tú Eres un rey!"**. Jesús le contesta: "Tú dices que Yo Soy un rey. Es la razón por la que nací y vine al cosmos, para dar evidencia de la verdad. Todo el que pertenece a la verdad escucha Mi voz"

A esto Pilatos respondió: "¿Y qué es verdad?", inmediatamente salió con los Judíos y les dijo: "Yo no encontré crimen contra Él, pero es costumbre de ustedes que yo ponga en libertad a uno de ustedes en la Pascua. Así que ¿desean que les libere al Rey de los Judíos'", pero ellos gritaron que no, que soltaran al rebelde Barrabás.

Siguiendo el recuento de Juan:

"Entonces Pilatos mandó a azotar a Jesús.
Los soldados romanos entretejieron una corona de espinas,
y la pusieron sobre Su cabeza
y lo vistieron con un manto púrpura,
y se acercaban a Él diciéndole:
"¡Felicidades, Rey de los Judíos!"
y lo abofeteaban en el rostro.

Y otra vez Pilatos salió y dijo:
"Miren, lo traigo aquí afuera ante ustedes,
para que sepan que yo no encuentro crimen contra Él"

Y al salir Jesús vistiendo la corona de espinas y el manto púrpura
dijo:
"¡Miren al hombre!"

En cuanto los jefes sacerdotales y los oficiales lo vieron a Él,
gritaron:
"¡Crucifixión! ¡Crucifixión! ¡Tómalo a Él y crucifícalo!"

Pilato contestó:
"Pues yo no encuentro crimen contra Él"

"Nosotros tenemos una Ley" contestaron los judíos
"y conforme a esta Ley,
Él debe morir, porque se hizo Él mismo Hijo de Dios"

Cuando Pilatos escuchó este razonamiento se alarmó y se regresó
al Pretorio.
"¿De dónde eres Tú?" preguntó, pero Jesús no contestó.

Así que Pilatos le dijo a Él:
"¿No quieres hablarme?
¿Sabes que tengo la autoridad para liberarte a Ti,
y la autoridad para crucificarte a Ti?"

Jesús contestó:
"No tienes autoridad sobre Mí, si no se te hubiese dado a ti desde
arriba.
Así que, quien me entregó a ti cometió una maldad muy grande"

Desde ese momento, Pilatos trató de liberarlo a Él,
pero los Judíos seguían gritando:
"Si lo liberas, no eres amigo del César.
Quienquiera que se declare a sí mismo como rey
se opone al César"

Cuando Pilatos escuchó este razonamiento,
trajo a Jesús afuera y se sentó en un tribunal en un lugar llamado el
"trono de piedra"
que en hebreo es "Gabbattha".

Era el día de la Preparación de la Pascua, cerca del mediodía, y dijo
a los judíos:
"¡Miren! ¡Su Rey!"

Ellos gritaron ante esto:
"¡Llévatelo! ¡Llévatelo! ¡Crucifícalo!"

Pilatos contestó:
"¿Crucificaré al Rey de ustedes?"

Los jefes sacerdotales contestaron:
"No tenemos rey, sino César"

Entonces en ese momento fue entregado para ser crucificado,
por tanto, se llevaron a Jesús.

Cargando Él mismo su cruz, salió al "Lugar del Cráneo",
que en hebreo se llama "Golgotha", donde Él fue crucificado,
y acompañándolo a Él otros dos, uno a cada lado, y Jesús en el
centro.

Pilatos también publicó un título en la cruz que decía:

"JESÚS DE NAZARETH EL REY DE LOS JUDÍOS"

Muchísimos de los Judíos leyeron este título
porque el lugar donde Jesús fue crucificado estaba cerca de la
ciudad,
y estaba escrito en los idiomas hebreo, latín y griego.

Así que los jefes sacerdotales de los Judíos le ordenaron a Pilatos:
"No escribas 'El Rey de los Judíos' pero que Él dijo 'Yo Soy Rey
de los Judíos'"

Pilatos respondió:
"Lo escrito, escrito."

Para las autoridades y gobernantes de su tiempo, Jesús (ΙΗΣΟΥΣ o
IĒSOUS), fue reconocido como el Rey de los Judíos legalmente, y
fue maltratado, sentenciado y ejecutado por el cargo señalado de
"Ser el Rey de los Judíos".

Ahora bien, muchos de los habitantes de Jerusalén estaban en la
celebración de una Pascua que atraía visitantes de todo el mundo
para ver a los amigos o celebrar un festival que incluía ciertos rituales
y festejos.

Así como en este instante no estás consciente de lo que ocurre en el
centro de tu ciudad o de las decisiones exactas que está tomando tu
gobernante en este momento, es posible que mientras se
desenvolvieron los eventos en Jerusalén, en los que Jesús cenó y
celebró la Pascua, muchas personas que sí creyeron en Él o que

pudieron haber escuchado de Él, ni siquiera se habrán dado cuenta de lo rápido que ocurrieron los eventos.

Mientras Él sufría la traición, o era arrestado y enjuiciado, posiblemente habría familias celebrando juntos. Es probable que mientras Jesús estaba siendo sentenciado por la multitud de acarreados de los jefes sacerdotales, la inmensa mayoría del pueblo estuviese en realidad encerrado en su casa, donde Jesús posiblemente era tema de conversación, un chascarrillo, una buena memoria de haber comido panes milagrosos en el desierto o sólo un buen recuerdo de alguna sanación.

Cuando Jesús supo que terminó su misión, y para cumplir las Escrituras, dijo que tenía sed, y le fue puesto vino agrio en los labios, y en cuanto probó el vino dijo:

"¡Todo está cumplido!"

Inclinó la cabeza, y entregó su espíritu.

Un hombre rico, José de Arimatea y su colega del consejo supremo de judíos, Nicodemo, pidieron el permiso a Pilatos de bajar el cuerpo de Jesús y prepararon el cuerpo, el mismo día de preparación para la Pascua judía, y pusieron a Jesús en la tumba mientras comenzaba el sábado, y depositaron el cuerpo de Jesús y descansaron el sábado.

Todos sabemos que la Historia no terminó ahí:

"El primer día de la semana, al amanecer,
vinieron a la tumba, trayendo especias que habían preparado.
Encontraron la roca removida de la tumba

y cuando entraron no encontraron el cuerpo del Señor Jesús.

Mientas estaban perdidas acerca de esto,
¡Presta atención! Dos hombres de ropa deslumbrante
se pararon frente a ellas.

Mientras ellas inclinaban sus rostros a la tierra en espanto,
ellos les dijeron:

"¿Por qué buscan a El que vive entre los muertos?
Él no está aquí ¡Ha sido levantado!
Recuerden cómo les dijo cuando estaba en Galilea:
El Hijo del Hombre debe ser entregado en las manos de hombres
malvados
y crucificado, y en el tercer día levantado."

Entonces recordaron Sus palabras.
Y regresaron de la tumba, informando de estas cosas a los once y a
los demás.
Eran María Magdalena, Juana, María la mamá de Jacobo,
y otras mujeres con ellas que le dijeron esto a los apóstoles."

Los hombres no quisieron creer. De hecho, el recuento explica que
Juan y Pedro corrieron a la tumba, y encontraron la ropa del cuerpo
de Jesús perfectamente doblada. Pedro en ese momento no creyó y
se fue a su casa, Juan sí creyó y también se fue a su casa.

El relato de los apóstoles explica que a la primera persona a la que
Jesucristo, el primero resucitado de entre los muertos con un cuerpo
incorruptible, se apareció fue a María Magdalena, aquella que otros
señalan como de quien "había echado siete demonios".

En una época donde el testimonio de una mujer no era tomado en cuenta en una corte, Jesús se aparece primero a María Magdalena para que se convierta en la primera en atestiguar su resurrección.

Una mujer que incluso para quienes estaban en el círculo cercano de Jesús era posiblemente tratada como menor y marginalizada, y que en agradecimiento le había ungido antes de su muerte con un frasco de perfume. La más apasionada y pequeña de Sus hijitas.

Como sentenció Jesús en el caso de la mujer de Galilea, ama más a quien más maldad se le perdona.

Pero quizás, la lección más importante resuena en nuestros corazones al pensar en María, cuando Jesús visitó su casa la primera vez: estar a un lado de los pies del Señor, para comprender su mensaje es lo único necesario, y nadie nos lo quitará si escogemos lo mejor de esto.

Príncipe de Paz

Marta le dijo a Jesús:
"Señor, aunque ya estás aquí, mi hermano ya ha muerto.
Pero incluso ahora, yo sé que Dios te dará cuanto le pidas a Él."

"Tu hermano se levantará" le dijo Jesús.

Marta le contestó: "Ya sé que se levantará en la Resurrección, al final de los tiempos"

Jesús le dijo a ella:
"Yo Soy la Resurrección y la Vida. Quien cree en Mí vivirá, aunque muera.
Y todos los que viven y creen en Mí, no morirán para siempre ¿Crees esto?"

"Sí, Señor," contestó "yo creo que Tú eres el Ungido, el Hijo de Dios, quien ha venido al mundo"
Y dicho esto, regresó y llamó a su hermana María aparte para decirle:
"El Maestro está aquí y te está buscando"

Y en cuanto ella escuchó esto, se levantó rápidamente y fue hacia Él.

Juan 11:21-27

Y de la misma forma en que vestimos con la apariencia de lo terrenal,
vestiremos con la apariencia de lo espiritual.
Lo que quiero decir, mis hermanos,
es que cuerpo y sangre no pueden heredar el reino de Dios,
ni lo que es corrupto puede heredar lo incorruptible.

¡Pongan atención! Les diré un secreto:
No todos dormiremos, pero todos seremos transformados.
En un instante. En un parpadeo del ojo.
Al sonido de la última trompeta. Pues cuando suene la trompeta,
los muertos se levantarán en un cuerpo indestructible y nosotros seremos
transformados.

Pues lo corruptible debe vestirse de incorruptible, y lo mortal de inmortal.
Cuando lo corruptible se vista de incorruptible, y lo mortal de inmortal,
entonces el dicho que está escrito se volverá realidad:

"Muerte Consumida en victoria
¿Dónde, muerte, está tu victoria? ¿Dónde, muerte, está tu aguijón?"

El aguijón de la muerte es la maldad, y el poder de la maldad es la Ley.
¡Pero gracias a Dios quien nos da la victoria a través de nuestro Señor
Jesucristo!

Por tanto, mis amados hermanos, sean firmes e inamovibles.
Sean excelentes en las obras del Señor, recuerden que su esfuerzo en el Señor
no queda vacío.

1 Corintios 15:49-58

Él Es el Príncipe de Paz. Al ser el primero en levantarse de entre los muertos, Él Es el conquistador de la muerte y el que nos asegura que heredaremos una vida eterna.

Él Es el Camino. Andar por sus veredas es todo menos aburrido si prestamos atención a que Él Es quien construye su reino a través de Su Iglesia. Hay muchas cosas que hay por hacer que nos exigirá que nos esforcemos y nos volvamos valientes.

Si caminas por desobediencia, recuerda que siempre es un buen día para volver a casa y enderezar su camino. Mientras puedas decir "hoy" es un momento agradable para estar en su camino.

Gracias a aceptar esconderte en Él, eres redimido de tu maldad, eres lavado de tu maldad. Eres nacido de nuevo, estás en paz con Él, eres uno de sus hijos y eres recibido por el Padre, además de tener la esperanza eterna de una vida con Él más allá de la muerte.

La resurrección de Jesucristo de entre los muertos da inicio al nuevo pacto que Él ha hecho con los seres humanos, y no tenemos qué esperar a nuestra muerte para comenzar a vivir maravillosos hechos en nuestra vida.

Jesús explicaba esto a Marta, pero ella estaba siempre demasiado ocupada y distraída con su propio dolor, las prisas del trabajo o la dificultad de esta vida para prestar atención.

Mientras Jesús le explicaba la vida eterna, ella sólo contestaba con lo políticamente correcto, pero no a la pregunta que Jesús le hacía.

¡Así que presta atención! La vida en el Camino es mucho más que escuchar música dirigida a Cristo, ir de día de campo con los miembros de la asamblea de justificados, escuchar a predicadores carismáticos o asistir a espectaculares conciertos en los que nos recuerden los pasos mediante los cuáles podemos ser llenos de Su Espíritu.

Respecto a esto escribió Pablo a los Colosenses:

"Cuídense de que nadie los seduzca a través de falsas sabidurías y
engaños vacíos,
basados en tradiciones de seres humanos y de proposiciones del
mundo y no de Cristo.
Pues en Él Es toda la plenitud de la Divinidad habitando en un
cuerpo,
y ustedes son completos en Él, quien es cabeza de todo gobierno y
autoridad.

En Quien fueron circuncidados al remover su naturaleza humana
de sus cuerpos
por medio de la circuncisión de Cristo, una circuncisión no hecha
con manos,
y sepultados junto con Él en sumergimiento,
levantados junto con Él a través de la fe en el poder de Dios,
quien lo levantó a Él de la muerte.

Y ustedes eran muertos en sus maldades y en su apego a su
naturaleza humana,
Dios los revivió junto con Él.
Nos perdonó todas nuestras maldades,
cancelando las deudas que teníamos por la ley que era adversa a
nosotros.

Se levantó y la quitó de en medio ¡clavándola a la cruz!
Desarmó a los gobernantes y autoridades,
los expuso públicamente triunfando sobre ellos por la cruz.

Por tanto, que nadie los juzgue, por lo que comen, o por lo que
toman,
o respecto a algún festival, una luna nueva o un Sábado.
Estas son sombras de lo que vendrá, pero el cuerpo le pertenece a
Cristo."

Todo eso está muy bien y muchas veces es muy necesario para pertenecer a una comunidad. Además, es muy divertido y pocas veces encontrarás amistades así entre la gente que no es creyente en Jesucristo. Nos ayuda a afirmar que hemos sido perdonados de nuestras maldades, que hemos nacido de nuevo, y que Él cumplirá sus promesas en nuestras vidas, pero recuerda que ahora tu vida le pertenece a Cristo.

Ahora bien, hay quienes quieren hacer pensar que Él cuando nos regala Su redención, de alguna forma quiere que los miembros de Su Iglesia se vuelvan flojos, haraganes e insufribles para hacer el bien, pero es todo lo contrario, la vida cristiana en el Camino exige de nosotros la destrucción de prácticas imposibles de manejar sin la ayuda de Su Espíritu.

El apóstol Pablo sigue explicando en su carta a los Colosenses:

"Así que como fuimos levantados junto con Cristo,
busquemos lo de arriba, donde Cristo está sentado a la derecha de
Dios.

Concéntrense en lo de arriba y no en lo de la tierra,
porque han muerto, y su vida está escondida con Cristo en Dios,
cuando Cristo, quien es la vida de ustedes, aparezca,
entonces ustedes también aparecerán con Él en gloria.

Destruyan, por tanto, los componentes de su naturaleza terrenal:
Porno, impureza, sufrimiento pasional,
deseos de hacer maldad, y codicia, todo esto es idolatría.

Por estas cosas es que la ira de Dios viene sobre los hijos
incrédulos.
Cuando vivían entre ellos, ustedes también solían caminar en esos
pasos,
pero ahora deben renunciar a todo tipo de pasión violenta,
enojo, furia, maldad, calumnia y groserías de su boca.

No mientan a los demás, pues renunciaron al antiguo humano y a
sus prácticas,
y se han revestido de algo nuevo,
que se renueva en el conocimiento de la imagen del Creador,
donde no hay griego o judío, circuncidado o incircunciso,
extranjero, salvaje, esclavo o libre sino Cristo es todo y en todos."

De hecho, el apóstol termina la recomendación de destruir nuestros falsos ídolos, y hacer morir nuestra antigua naturaleza malvada, y sustituirla por los hábitos de una nueva naturaleza, mucho mejor que la de un ser humano natural, pues ha sido redimido por la sangre de Jesucristo, y tiene una vida llena de agradecimiento y de perdón, capaz de perdonar las ofensas de los demás de la misma manera como Jesucristo nos perdonó a nosotros.

Esto es imposible de lograr si lo hacemos de forma hipócrita o superficial. Sólo es posible hacerlo si estamos revestidos de Su Espíritu, y lo llevamos a la práctica en nuestra interacción con todos los seres humanos con los que interactuamos en el día.

"Así que como seleccionados por Dios,
santificados y amados, vístanse de compasión,
bondad, humildad, apaciblemente y con paciencia, apóyense
mutuamente y
perdónense cualquier queja que pudieran tener de unos con otros.

Perdónense justo como el Señor los perdonó a ustedes.
Y por encima de todo esto amor, que es el pegamento perfecto.

La paz de Cristo gobierne en sus corazones,
a esto fueron invitados como miembros de un cuerpo,
y sean agradecidos."

El propósito de esta enseñanza es que te des cuenta de que, al haber sido sumergidos en la preciosa sangre de Jesucristo por medio del bautismo, de inmediato nos ponemos por encima de las circunstancias terrenales.

Es decir, que lo que antes nos abrumaban y nos esclavizaban, o inclusive todo aquello que antes nos era muy valioso, ahora está bajo una nueva perspectiva como lo explica Pablo en su carta a los Filipenses:

"Pero todo lo que antes era ganancia para mí,
ahora lo considero pérdida a través de Cristo.

Es más, incluso ahora considero

que todas las cosas son una pérdida comparada
con la superior excelencia de conocer a Jesucristo mi Señor,
por quien lo he perdido todo.

Lo considero desechable para ganar a Cristo,
y encontrarme en Él no teniendo mi propia justicia de la Ley,
sino por la confianza en Cristo, la justificación de Dios por su
fidelidad.

Quiero conocerlo a Él y el poder de Su resurrección
y participar de Su sufrimiento conforme a Su muerte,
y de alguna forma, alcanzar la resurrección de la muerte.

No que ya lo haya recibido o que yo ya sea perfecto,
pero persigo esto con dedicación pues es por lo que Jesucristo me
tomó"

Vivir nuestras vidas en Cristo tiene un propósito, más allá de entretenernos o complacernos en nuestra nueva naturaleza. Él desea establecer su paz con el mundo.

Gracias al poder de Su Espíritu, nosotros ya no vemos la vida igual que los humanos naturales.

Ya no son nuestros sentidos físicos nuestra única limitante para distinguir la realidad, sino que comenzamos a vivir por las explicaciones que el Espíritu nos da, vivimos por medio de sus promesas, y rendimos nuestros planes personales para sólo enfocarnos en hacer los planes de Él.

Sabemos también, que la Asamblea de justificados no está hecha sólo para satisfacernos a nosotros mismos encerrados en edificios o campamentos con nuestra nueva familia, sino para ser luz que no puede ser escondida, sino que se pone en alto para brille en las tinieblas de este mundo, y sal que le de sabor a la vida de los habitantes de esta tierra.

Comparto un ejemplo que escribió Lucas en su obra "Hechos de los Apóstoles" para demostrarlo:

Ahora bien, un Ángel del Señor le dijo a Felipe:

"Levántate y viaja al sur, al camino del desierto,
que baja desde Jerusalén hacia Gaza."

Así que se levantó y viajó, y en su camino,
¡Pon atención! Se encontró con un Etíope eunuco,
un príncipe encargado de todo el tesoro de Candace, reina de Etiopía,
quien había venido a Jerusalén a adorar,
y mientras regresaba estaba sentado en su vehículo, leyendo al profeta Isaías.

El Espíritu le dijo a Felipe:

"Acércate al vehículo y pégate a él"

Así que Felipe corrió y escuchó que el hombre leía al profeta Isaías.

"¿Entiendes lo que estás leyendo?" preguntó.

"¿Cómo voy a entender…" dijo "… si no hay alguien que me enseñe?"

E invitó a Felipe a subir para sentarse con él.
Estaba leyendo este pasaje de las Escrituras:

"Fue conducido como oveja al matadero,
y como cordero ante el trasquilador en silencio, así que no abrió su
boca.
En Su humillación le fue quitada la justicia.
¿Quién puede contar a Su descendencia? porque Su vida le fue
quitada de la tierra"

"Dime…" dijo el eunuco "… ¿de quién está hablando el profeta?
¿De él mismo o de alguien más?"

Entonces Felipe comenzó con esta Escritura y le compartió el
buen mensaje de Jesús.

Mientras viajaban por el camino pasaron por donde había agua, el
eunuco dijo:

"¡Mira! ¡Agua! ¿Qué impide que yo sea sumergido?"

Y Felipe contestó:

"Si confías con todo tu corazón, se te permite."

Y dijo:

"Confío en que el Hijo de Dios es Jesucristo"

Y dio órdenes de detener el vehículo.

Entonces ambos, Felipe y el eunuco, bajaron al agua y él fue sumergido.

En cuanto se levantó del agua, el Espíritu del Señor tomó a Felipe, y el eunuco ya no pudo verlo, pero siguió su camino lleno de felicidad.

Mientras tanto Felipe se encontró en Azoto y siguió viajando, compartiendo el buen mensaje en todos los pueblos hasta que llegó a Cesárea.

Él cumplió el juramento de que Su pueblo de Israel heredaría la tierra que pactó con Abraham, Isaac y Jacob, pero la propia humanidad y desobediencia del pueblo de Israel abrió una puerta que nos permitió a los extranjeros tener acceso a una promesa de acceder a la intimidad de Dios.

Lo que quiero decir es que donde Josué falló, la Iglesia no fallará, y que estamos seguros de que Él cumplirá con Su juramento de hacernos ciudadanos de una nueva tierra y nación, y así llevarnos a la herencia de una Jerusalén Celestial.

Jesús no se detiene por la incredulidad de los miembros de Su Iglesia. Él desea que la noticia maravillosa corra lo más rápido y lejos posible a todos los reinos de la tierra.

En su plan maravilloso para nuestras vidas, Él determinó que esto no se hiciera por video, por una fotografía o una pintura, ni por un ángel que se aparezca a cada persona, sino que nos da el privilegio exclusivo de hacerlo por medio de nuestro testimonio humano vivo.

En este caso, Jesús le comunica a la reina africana Candace, hija de la reina de Saba, que Jesús de Nazareth, hijo del rey Salomón ha resucitado de entre los muertos, no por medio de un ángel, sino por medio de uno de sus príncipes más queridos y confiables que había ido a adorarlo a Él a Jerusalén.

Los ángeles son de Él, su ejército celestial a Su servicio que obedecen a sus instrucciones, y nos ayudan a los miembros de Su Iglesia. Su Espíritu nos revela las instrucciones precisas de lo que tenemos qué hacer. Lo único que debemos hacer es someter nuestra voluntad a Él en obediencia y dejar que use nuestras vidas para llevar a cabo maravillas de su plan.

El recuento que hace Lucas del suceso es muy claro y maravilloso, pero la frase que más llamó mi atención fue que el eunuco ya tenía la tecnología disponible para leer la Escritura, pero no había quien le explicara con amor y cariño lo que estaba leyendo:

"¿Cómo voy a entender…" dijo "… si no hay alguien que me enseñe?"

Esta es, en mi opinión, la pregunta que muchos seres humanos que no han conocido de Jesús se hacen en la actualidad, y por la que muchos creyentes tenemos la respuesta.

Muchas personas tienen acceso a la carta de amor que Él nos ha preparado para los seres humanos, pero es Su voluntad que Su Iglesia de testimonio de que se trata de una obra viva por medio de Su Espíritu, y que el tesoro de Sus promesas es real y aplicable a cualquier momento de la existencia de esta generación de humanos.

Nuestra función como Asamblea de justificados es ampliar Su reino, contando de Sus maravillas día con día al resto de nuestros hermanos humanos. Ponerle en alto, exaltarlo e imitar la manera en que Él anunciaba Su buen mensaje con humildad, compasión y amor.

No se trata de convencer a nadie, ni insistir demasiado en quienes tienen la cabeza y el corazón duros. Nuestra función es propagar el mensaje con amor, enseñar a quienes tengan dudas o hambre de aprender con compasión, y permitir que cada persona tome su decisión de confiar o no en Él.

Queda claro no cualquiera puede llevar a cabo esta tarea, pues se necesitan dos requisitos indispensables: En primer lugar: Amarlo a Él con todo tu ser, con toda vida, con todas tus fuerzas, y, en segundo lugar, amar a tu prójimo como a ti mismo.

Sin estos requisitos, que por cierto son regalos que provienen de Su Espíritu, será imposible que comprendas la importancia de ser testimonio de Él y ayudar a los demás a entender el gran regalo que es el buen mensaje de Jesús para sus vidas.

Si Su Espíritu te permite comprender estos dos requisitos, te darás cuenta de que "Salir y hacer discípulos para sumergirlos" es la tarea más lógica y evidente del Camino. Es la compasión por excelencia, y es imposible que propagues este buen mensaje desde tus propias estrategias o con tus propias fuerzas.

Se requiere pues, que escondamos nuestras vidas en Cristo, que prestemos toda nuestra atención a la dirección de Su Espíritu, y que cuando Él ordene, nosotros hagamos todo lo que esté en nuestras fuerzas para obedecerle en el trabajo de propagar y divulgar su buena noticia a los seres humanos de nuestros tiempos.

Él es el Príncipe de Paz y es Su voluntad que todos los seres humanos nos reconciliemos con Él.

Ahora bien, si como nos lo demostró María Magdalena, lo único importante en esta vida es estar a los pies de Jesucristo para conocerlo a Él ¿no sería acaso este el regalo más precioso, eterno e incorruptible que le pudieras dar a alguna persona? ¿no valdría la pena que hagas el esfuerzo de darle el regalo de este secreto a tus seres más queridos?

Él Es el Príncipe de paz, y nosotros somos sus sirvientes que somos enviados como sus mensajeros.

Por supuesto que vivirás rechazo, incredulidad y burlas. Pero por experiencia te digo que desobedecer o postergar esta esta instrucción siendo un creyente, por mera cobardía, es una pérdida de tiempo y un desperdicio de la vida.

No seamos ingenuos, la vida cristiana no es un día de campo. Sabemos que los días son cada vez más difíciles. La revelación de Daniel y Juan nos muestran que muchos seres humanos de este mundo no superarán el engaño de su idolatría a pesar del avance la ciencia y la tecnología.

Él con todo Su poder sufrió el rechazo de los seres humanos, y fue ese mismo poder el que lo levantó de entre los muertos, y también es ese mismo poder que nos acompaña hasta el fin de los tiempos.

Entregar nuestras vidas al buen mensaje de Él, la historia más grande jamás contada, es la aventura más inteligente y emocionante que jamás hayamos vivido, y tenemos la promesa de que no estamos solos ni huérfanos en esta aventura.

Por tanto, no tengas miedo ni te desmayes, sino sé fuerte y valiente. Él Es con nosotros ¿quién contra nosotros?

Amigo Fiel y Verdadero

*Por tanto, respeten a יְהוָה y trabajen para Él con integridad y verdad,
rechacen a los dioses que sus ancestros servían más allá del río y de Egipto,
y trabajen para יְהוָה.*

*Pero si es desagradable en su opinión trabajar para יְהוָה,
decidan en este día para quién trabajarán,
si a los dioses que sus ancestros sirvieron más allá del río,
o a los dioses que sirven los amorreos en la tierra donde ustedes viven ahora.*

Yo y mi casa, trabajaremos para יְהוָה.

Josué 24:14-15

*En Cesárea había un hombre llamado Cornelio,
capitán romano de cien hombres de lo que se conocía como un regimiento
italiano,
con toda su familia era devoto y respetuoso de Dios,
y él daba muchísima ayuda económica a las personas y oraba a Dios todos sus
días.*

*Un día, cerca de las tres de la tarde,
vio con claridad a un ángel de Dios que vino ante él y le dijo: "¡Cornelio!"
y lo vio aterrorizado y preguntó: "¿Qué es, Señor?", y escuchó:*

*"Tus oraciones y tu ayuda económica han sido registradas ante Dios.
Ahora envía hombres a Jope para invitar a Simón quien es llamado Pedro,
él está hospedado con Simón el curtidor, cuya casa junto al mar.
Él te dirá lo que es inevitable que hagas."*

Cuando el ángel que le habló se fue, llamó a dos de sus sirvientes, y a un soldado creyente de entre sus asistentes, les explicó todo y los envió a Jope...

...Al siguiente día, llegó (Pedro) a Cesárea, y Cornelio estaba esperándolos, y él reunió a todos sus familiares y amigos íntimos...

...Pedro seguía hablando estas palabras, cuando el Espíritu Santo cayó sobre todos los que escuchaban su mensaje.

Todos los creyentes circuncidados que venían con Pedro se maravillaron porque el regalo del Espíritu Santo había sido derramado también sobre los extranjeros.

Pues los escuchaban hablar en lenguajes y exaltar a Dios. Entonces Pedro dijo:

"¿Puede alguien impedir que con agua se les sumerja a ellos? ¡Pues han recibido el Espíritu Santo de la misma manera que nosotros! Así que ordenó que fuesen bautizados en el nombre de Jesucristo. Luego le pidieron que se quedara por algunos días"

Hechos de los Apóstoles 10:1-8;24;44-47

Él Es Fiel y Verdadero.

Él Es íntegro en todo momento, y el mejor amigo que podemos tener en esta vida.

Una amistad es una decisión de dos voluntades para relacionarse entre sí y mejorar mutuamente sus vidas involucrando compañía, intimidad, afecto y apoyo mutuo.

Tener relaciones de amigos te puede permitir más apoyo social para amortiguar las dificultades de esta vida, tener compañeros ante las fuertes emociones, y en general mejor salud.

Para que esto ocurra, es necesario que estas voluntades estén reconciliadas bajo buenas cuentas, sin que haya adeudos pendientes entre ambas partes, sino paz y un sentido de seguridad.

Sabemos que los humanos nos llamamos hermanos, cuando reconocemos que compartimos un mismo vínculo, como una misma sangre o un mismo ancestro, pero también espiritual si compartimos una manera de pensar fraternal que nos obliga a estimarnos y sentir respeto y cariño mutuo.

Cuando decimos que hay amistad entre dos personas, hay necesariamente amor y un interés mutuo de brindarse afecto cálido.

En una relación de amistad, ambas voluntades se sienten en paz, acompañadas en sociedad, y completas en una relación de amor y estima en comunión del uno con el otro.

La amistad se describe en el diccionario, pero no es necesario ser letrado para experimentarla. Desde nenes aprendemos acerca de tener amigos, y de cómo nuestra manera de conducirnos, cómo miramos, cómo nos expresamos o cómo tratamos a los demás naturalmente afecta la gracia que tenemos ante los ojos de los demás.

La gracia es algo espontáneo que ocurre por la manera que hablamos, y el favor o la aceptación es la que concede nuestro interlocutor. Hallar gracia ante los ojos de alguien facilita una relación de buenos términos que facilita la interacción, y que se puede conocer como amistad, es por esto por lo que una actitud genuina de servicio facilita una amistad.

Un buen amigo, es esta persona en quien ponemos nuestro amor y confianza.

Decimos que Él Es nuestro amigo Fiel y Verdadero, porque en Él podemos encontrar esta relación en su nivel más perfecto, que jamás podremos encontrar en otros seres humanos que somos imperfectos.

Él siempre está disponible para escucharnos en nuestros problemas. Cuando se hizo hombre, nos demostró que Él está interesado en nuestra amistad, pero, sobre todo, comprometido en demostrarlo, pues entregó su vida por nosotros.

Presta atención a lo que registró Juan que Jesús dijo, mientras caminó entre nosotros antes de partir de este mundo:

> "Mi Padre se glorifica si ustedes producen mucho fruto demostrando que son mis alumnos.

Justo como el Padre Me ama, así Yo los amo. Permanezcan en Mi amor.

Si mantienen Mi instrucción, permanecerán en Mi amor,
justo como Yo he mantenido la instrucción de Mi Padre y
permanezco en Su amor.

Les explico esto para que Mi alegría sea en ustedes y su alegría sea
plena.
Esta es mi instrucción, que se amen los unos a los otros como yo
los amo.

No hay amor más grande, que de quien entrega su vida por sus
amigos.
Ustedes son Mis amigos si hacen lo que les instruyo.

Ya no los llamaré sirvientes, porque un sirviente no entiende lo
que hace su jefe.
Pero los he llamado amigos, porque todo lo que escuché de Mi
Padre, se los he explicado.

Ustedes no me escogieron a Mí, pero Yo los escogí a ustedes.
Y los he designado para ir y producir fruto, fruto permanente,
así que cualquier deseo que le pidan al Padre en Mi nombre, Él se
los dará.

Esta es mi instrucción, ámense los unos a los otros.

Si el cosmos los odia, sepan que a Mí me odió antes que a ustedes.
Si ustedes fueran de este cosmos, el cosmos ya los amaría como si
fueran suyo.
Pero el cosmos los odia, porque no son de este cosmos,
pero yo los he escogido para ser fuera de este cosmos.

Recuerden lo que ya les había explicado antes:

"Ningún sirviente es más grande que su jefe".
Si me persiguieron a Mí, los perseguirán a ustedes también,
y si ellos cuidan Mi palabra, también cuidarán las palabras de
ustedes"

Cuando yo era niño, pensaba "¿Qué clase es esta amistad que Él nos pone condicionándonos a ser sus amigos sólo si obedecemos sus mandamientos?"

Pero ahora que soy más grande, me doy cuenta de que, en primer lugar, Sus palabras tienen peso específico, porque efectivamente Él ya entregó Su vida, y derramó Su sangre por nosotros.

Y número dos, lo único que nos está exigiendo es que nos amemos entre creyentes como Él nos amó a nosotros, y en el pasaje nos explica que Él nos amó como el Padre amó a su Hijo. Es decir, que queda muy claro que Él no nos está pidiendo algo que Él no haya hecho primero.

Es decir, que nosotros aprendemos de la amistad porque Él es nuestro mejor amigo. Es gracias a Su ejemplo que podemos aprender a ser buenos amigos con los demás. De hecho, Él advierte que es la única manera en la que podemos enfrentar este cosmos. Juntos. Viendo los unos por los otros.

Todos los seres humanos fallamos a nuestra palabra en muchas maneras, pero Él Es fiel en todo momento, en todas las cosas. Podemos confiar en que Él cumplirá con sus promesas, lo que obviamente incluye llevar a cabo sus actos de justicia.

Como ya hemos explicado de muchas maneras, Él Es supremamente excelente, mucho mejor y por demás Superior a cualquier cosa en el cosmos, por lo tanto, una amistad con Él es mucho más valiosa e importante que cualquier amistad con cualquier otra persona.

No permitas que las ideas y conceptos de amistad humana distorsionen la manera en la que desarrollas tu amistad con Él.

Quizás te suene redundante esto que voy a decirte, y es seguro que ya lo sepas o lo hayas intuido si has aceptado que Él Es en tu vida.

Él no puede ser burlado. No se le puede engañar porque Él vive eternamente, lo conoce todo y es siempre presente.

Él ya sabe que este cosmos le rechaza, y Él sabe que Él nos ha llamado a formar parte de Él y no de este cosmos, por tanto, Él sabe que seremos rechazados por este cosmos.

Si en algún momento de tu vida te encuentras entre la disyuntiva de la amistad o la aprobación con cualquier ser humano y escoger la amistad con Él, no lo dudes un solo momento, escógelo siempre a Él. Siempre será más inteligente la aprobación de Él que la aprobación de los seres humanos.

No permitas que el rechazo de tu esposo o tu esposa, tu novia, algún jefe, tus compañeros de trabajo, socios de negocios, familiares, amigos de la escuela o de la política, tus hijos o hermanos te desalienten de tu amistad con Él.

Tampoco te permitas ser arrastrado por dioses falsos sólo porque en tu familia siempre han adorado a ídolos. No permitas que su ignorancia del Dios vivo te arrastre a la confusión y a la perdición. Mantente firme. Sé fuerte y valiente.

Decide servirlo sólo a Él y trabajar sólo por Él. Es mucho mejor ser rechazado por los humanos que ser rechazado por Él. Es mucho mejor la aprobación de Él que la aprobación de los seres humanos.

Una persona con amistades es mucho más feliz que una persona egoísta. No te aísles. Es muy inteligente hacerse de amigos. Como bien dice uno de los proverbios en las Escrituras: "Quien se separa persigue deseos egoístas, quien se rebela está en contra de la inteligencia"

Quiero recalcar, que, al sumergirnos en Su Espíritu, Él y nuestro espíritu quedan sellados y nosotros ya no somos como los seres humanos terrenales. A partir de ese instante, vivimos en otra frecuencia, ya no nos van a entender muchos de nuestros seres queridos y vas a encontrar mucha incomprensión.

Es probable que por esto encontremos rechazo en este cosmos. Podrías llegar a sentirte sólo o extrañar tu naturaleza terrenal, pero debes confiar que Él venció a este cosmos y a la muerte, y que Él te acompaña, además no estás en orfandad o soledad, pues formas parte de Su Asamblea de justificados, es decir, Su Iglesia.

Nunca te avergüences del privilegio de transmitir el mensaje de nuestro Señor Jesucristo, porque este es poder de Dios. Él te dará la fuerza, el valor y la inteligencia para hablar frente a los seres humanos por medio de Su Espíritu. Esto es un regalo.

No te preocupes por la opinión de los demás. Servirlo a Él es como encender una luz en una habitación oscura, quienes están acostumbrados a la oscuridad, prefieren que las cosas permanezcan así para seguir cometiendo sus maldades, pero tú enciende esa lámpara y alumbra la habitación.

Mantente fiel. Cuando Su Espíritu te lo indique, pon todo lo que está en tus manos y a tu servicio para hacer realidad la invitación de todos tus seres queridos, familiares y vecinos a conocer lo que Él quiere comunicarte.

Permite que Su Espíritu te guíe a ti y a tus seres queridos a la inevitable relación de amistad íntima que Él ha propuesto para todos y cada uno de los seres humanos.

Siempre es mejor la aprobación, el favor y la gracia de Dios que la de los hombres.

Jesucristo de los Ejércitos

Y Jesús salió del templo,
y mientras caminaba Sus alumnos se acercaron para mostrarle la
arquitectura.

"¿Ven todas estas cosas?" contestó
"Confíen cuando les digo que ni una piedra
quedará sobre otra piedra que no sea demolida".

Y llegó a sentarse al Monte de los Olivos,
y sus alumnos se le acercaron en privado.

"Dinos…" le pidieron "… ¿cuándo será esto?
¿Cuál será la señal de tu venida y del fin de esta era?"

Jesús les contestó:

"Presten atención para que nadie los engañe.
Porque muchos vendrán en mi nombre,
diciendo "yo soy el Cristo", y engañarán a muchos.

Sufrirán y escucharán guerras, y rumores de guerras,
pero tengan cuidado de no alarmarse.
Pues es necesario que ocurra, pero telón aún no se cerrará.

Tribus se levantarán contra tribus, y reinos contra reinos.
Habrá hambrunas y terremotos en la tierra.
Todo esto es el inicio de la agonía.

Entonces los entregarán para ser perseguidos y asesinados
y serán odiados por todas las tribus debido a mi nombre.

En ese momento, muchos desertarán, y traicionarán,
y se odiarán los unos a los otros,
y muchos impostores surgirán para engañar a muchos.

Debido al aumento de la maldad,
el amor de muchos se enfriará.

Pero el que se mantenga fuerte hasta el final será rescatado.

Y esta buena noticia del reino será proclamada en toda la tierra
como evidencia a todas las tribus, y luego el final vendrá.

Así que cuando vean de pie en el lugar santo "la asquerosidad destructora"
descrita por el profeta Daniel (el que conoce, que entienda),
entonces los que estén en Judea escapen a las montañas.

Quienes estén en los techos bajen a tomar lo que haya en sus casas,
y que nadie que esté en el campo regrese por su ropa

¡Qué terribles serán esos días para las embarazadas y para las que
amamantan!
Supliquen para que su escape no ocurra en el invierno o en el día de descanso.

Porque en ese momento habrá una gran aflicción,
como nunca ha sido vista desde el inicio del cosmos hasta entonces
y que nunca más será vista.

Si esos días no fueran acortados, nadie sería salvado.
Pero por los elegidos, esos días serán acortados.

Entonces si alguien les dice: "¡Mira! ¡Aquí está el Cristo! O ¡Allá!" No confíen.
Pues falsos cristos y profetas impostores aparecerán
y llevarán a cabo grandes señales y maravillas
que engañarán incluso a los elegidos, si esto fuese posible.

¡Miren! Les digo de antemano.

Así que, si les dicen a ustedes, "Allá está en el desierto", no salgan,
"Acá está en las habitaciones secretas", no confíen.

Pues justo como le relámpago que surge en el oriente y su brillo llega hasta el poniente,
así será la venida del Hijo de Adán.

Dondequiera que se encuentre un cadáver,
ahí es donde se juntarán las aves.

Inmediatamente después de la aflicción de aquellos días,
"El sol se oscurecerá, y la luna no dará su brillo,
las estrellas caerán del cielo y las fuerzas de los cielos serán agitadas"

Entonces la señal del Hijo de Adán aparecerá en los cielos,
entonces todas las familias de la tierra llorarán.

Verán al Hijo de Adán viniendo desde las nubes del cielo con poder y gran gloria.

Y enviará a Sus ángeles con un gran sonido de trompeta,
y juntará a Sus elegidos desde los cuatro vientos,
desde un extremo de los cielos hasta el otro extremo.

Ahora aprendan de la parábola de la higuera:
Cuando el largo de sus ramas se vuelve suave y las hojas brotan,
sabes que el verano está cerca.

Así que también, cuando vean todas estas cosas,
ya saben que Él está cerca, junto a la entrada.

Verdaderamente les digo que esta generación no acabará
hasta que todas estas hayan pasado.

Los cielos y la tierra perecerán,
pero Mis palabras nunca perecerán.

Nadie conoce acerca del día y hora, ni siquiera los ángeles del cielo,
ni el Hijo, sino sólo el Padre.

Justo como en los días de Noé,
así será en la venida del Hijo de Adán.

Porque en los días antes de la inundación,
estaban comiendo y bebiendo y se casaban,
hasta el día en que Noé entró al arca.

Y eran sabiondos hasta que la inundación llegó y los borró a todos.
Así será la venida del Hijo de Adán.

Dos estarán en el campo, uno será tomado y el otro dejado.
Dos estarán moliendo en el molino, una será tomada y otra dejada.

Mateo 24:1-41

Él Es Jesucristo de los Ejércitos.

A todos los seres humanos, nos fue regalado del nombre de Jesucristo.

Los seres humanos constantemente pretenden construir su propio reino de los cielos aquí en la tierra, para lo cual construyen sus propios ídolos, y mezclan todo tipo de nociones espirituales, para volver a instaurar el panteísmo de las creencias sumerias en la modernidad, una deidad impersonal donde todos somos dioses, que es la base de la religión de Caín que proliferaba antes de la época de la Gran Inundación, y de expresiones aberrantes como los regímenes totalitarios y fascistas.

Es importante notar que los hijos de Abraham, tanto judíos como extranjeros, esperamos el día en el que toda rodilla se doble ante la autoridad dada al Hijo del Hombre que vio el profeta Daniel, y que todo el cosmos invoque el nombre de יהוה. para servirlo voluntariamente como el rey sobre toda la tierra.

Cuando tanto cristianos como judíos por todo el mundo, sin importar el lenguaje, las edades o los credos, decimos "Alelu-Jah" estamos declarando alabanzas y gloria, salvación, poder y honra a "Yah", el único Señor.

"Después de esto escuché
como un gran rugido
de una gran multitud en el cielo gritando:

"¡Alelu YAH!
¡La Salvación y gloria y fuerza pertenecen a nuestro Dios!"

Al nacer el Señor Jesús, el ángel del Señor les anunció la buena noticia y el plan secreto que Él tenía preparado para todas las personas, a unos pastores en campos cercanos:

"Hoy en la Ciudad de David, les ha nacido a ustedes
¡Él Es el Cristo (Messiah) Señor (Adonai) y Salvador (SHUA)!"

Ocho días después, cuando el bebé fue circuncidado, recibió el nombre de YAH-SHUA, (YAH, el "Yo Soy" de los cielos, el Salvador de los humanos de la tierra), un nombre que el ángel le puso antes de que fuese concebido.

Simeón tomó al nene en sus brazos y proclamó que podría morir en paz porque había visto la Salvación del Señor.

Juan relata que estaba frente al templo, cuando Jesús les dijo a los fariseos:

"De verdad, ciertamente, les digo"
Jesús declaró
"antes de que Abraham naciera, ¡Yo Soy!"

Esto es, que Yah-Shua se puede traducir como "Yo Soy Salvación".

Pablo en su carta a Filipenses nos dice:

Por tanto, Dios lo hiper-exaltó y lo favoreció a Él
con el nombre sobre todos los nombres,
que ante el nombre de YAH-SHUA
toda rodilla se doble, en los cielos y en la tierra y debajo de la
tierra,

y todo idioma confiese
que JESUCRISTO ES SEÑOR,
para la gloria de Dios Padre.

Para tener parte en el libro de la vida del Cordero, y convertirnos en la esposa de Cristo, y ser llamados hijos de Dios, debemos tomar el nombre de Jesús como cuando una esposa toma el apellido de su esposo en el matrimonio, como lo señaló Pedro en el libro de Hechos de los Apóstoles:

Pedro contestó: "Reconsideren y sean sumergidos
cada uno de ustedes en el nombre de Jesucristo
para el perdón de sus pecados,
y recibirán el regalo del Espíritu Santo"

Él Es Jesucristo, el Hijo de Adán que vio Daniel y Juan.

Él Es Aquel que volverá con gran poder y gloria, acompañado por el Ejército de ángeles del cielo, y reunirá al Ejército de humanos justificado por el poder de Su preciosa sangre.

Y todo ojo le verá volviendo en poder y majestad para dar cumplimiento a esta realidad, y quien no haya confiado en Él se lamentará.

Para que nos alegremos y nos llenemos de aliento, Pablo nos compartió lo que le fue revelado en la primera carta a los Tesalonicenses:

"Hermanos, deseamos que conozcan acerca de aquellos que
duermen,
para que no sufran como el resto que vive sin esperanzas.

Puesto que confiamos que Jesús murió y se levantó,
así Dios traerá junto con Él a aquellos que han sido dormidos en
Jesús.

Por la palabra del Señor, les decimos a ustedes que nosotros,
los que vivimos, que quedaremos hasta la venida del Señor,
no seremos antes de los que hayan dormido.

Pues el Señor Mismo descenderá de los cielos con un fuerte
comando,
con voz de arcángel, y con trompeta de Dios,
y los muertos en Cristo se levantarán primero,
luego nosotros que estamos vivos y que hayamos quedado,
seremos arrebatados con ellos en las nubes para encontrarnos con
el Señor en el aire,
y así seremos siempre con el Señor"

Ahora bien, sé de creyentes que dedican años enteros y demasiada energía a discutir el orden cronológico del fin de los tiempos, y demasiada atención y energía para determinar quién tiene la mejor interpretación de las señales de los tiempos.

Dedican tiempo en discutir vacíamente que es justo en este año o durante su propia vida, como si ellos fuesen el centro del plan del Señor, tratando de encontrar coincidencias con la actualidad de las señales que Él nos reveló de cuando el Señor vendrá, y esperan que, en cualquier instante, como un relámpago se detenga el sufrimiento, el dolor, la injusticia o la escasez por la que atraviesan actualmente sus vidas.

Su conclusión general es: "Como el Señor vendrá pronto, y como lo único que importa es Él, entonces no vale la pena esforzarnos en esta vida."

Además, en estos días hay incrédulos que con cinismo se burlan de su propia interpretación de las epístolas de Pablo, pensando que lo que él escribía era para consolar a una Iglesia que aún no había sufrido la destrucción de la Jerusalén terrenal, ni la destrucción del segundo templo hace menos de dos mil años, ni la inmensa cantidad de eventos por los que ha pasado la Iglesia desde su fundación.

Al respecto, Pedro tiene unas palabras excelentes en su segunda carta:

"Amados amigos, algo que no deben olvidar es que,
en presencia del Señor, un día es como mil años, y mil años como un día.

El Señor no es lento a Su promesa como algunos entienden como lentitud,
sino que es paciente con ustedes, no deseando que alguno sea destruido,
sino que todos admitan que deben cambiar de opinión.

Porque el día del Señor vendrá como un ladrón.
Los cielos desaparecerán con un rugido,
los elementos quedarán disueltos como en el fuego,
y la tierra y sus obras ya no estarán más.

Si todo quedará disuelto de esta forma,
¿cómo deberían ser ustedes?
Condúzcanse en santidad y bondad,

a medida que esperan la venida del día de Dios,
cuando los cielos quedarán disueltos por el fuego
y los elementos quedarán disueltos por el calor.

Pero unidos a Su promesa,
nosotros esperamos nuevos cielos y nueva tierra,
donde la justicia habita.

Por tanto, amados, como esperan esto,
esfuércense por ser hallados en paz con Él, sin mancha o culpa."

En lo personal, no puedo hablar de cronologías, pero me suscribo
al consejo que el Señor Jesús nos dejó para que demos por concluida
cualquier preocupación o ansiedad al respecto.

"¡Así que manténganse despiertos!
Porque ustedes no saben el día en que su Señor vendrá.
Pero entiendan esto:

si el jefe de familia supiera a qué hora de la noche vendrá el ladrón,
se mantendría despierto y no permitiría que su casa fuese asaltada.
Por esto ustedes también deben estar preparados,
porque el Hijo de Adán vendrá en una hora inesperada.

¿Quién es, entonces, el empleado digno de confianza y sabio,
a quien el dueño ha puesto a cargo de su hogar
para que sirva los alimentos en el tiempo apropiado?

Feliz el empleado cuyo jefe regresa y lo encuentra trabajando así.

De verdad les digo que quedará a cargo de todas sus posesiones.

Pero si el empleado es malvado y dice en su corazón:
"Mi jefe tardará en regresar"
y comienza a golpear a sus compañeros
y a comer y a beber con los borrachos,
el jefe de ese empleado vendrá en un día inesperado
y en la hora que no está esperando.

Entonces lo azotará severamente
y lo pondrá en un lugar junto con los hipócritas
en donde están las lamentaciones y el crujir de los dientes."

Sí deberíamos prestar atención a la profecía que fue revelada a Juan y a Daniel. Sin embargo, mi conclusión personal es que no deberíamos desperdiciar demasiado tiempo discutiendo, tratando de descifrar o para ponernos ansiosos acerca de eventos que están fuera de nuestras manos.

En otras palabras, te recomiendo que dejes el estudio de los detalles del fin de los tiempos a los eruditos. Los más misericordiosos nos explicarán los detalles con amor. Mi recomendación es que te prepares día a día, con excelencia en la mayordomía en los talentos que el Señor puso en tu vida para construir Su reino, obedeciendo a las instrucciones que te de Su Espíritu Santo.

Mañana Él Es quien puede arrebatarte tu vida en un abrir y cerrar de ojos. Un accidente, un imprevisto, un paro cardiaco, esto puede ocurrir sin darte tiempo de arrepentirte, sin que estés a cuentas con las demás personas, sin que hayas puesto tus asuntos en orden, o sin que hayas cumplido con tus promesas humanas.

Respecto al destino de los malvados y desobedientes, o personalmente no tengo mucho qué decir, excepto que, por experiencia personal, vivir una vida en desobediencia del Rey de Gloria es horrible. Se siente como un infierno en esta vida.

No me alcanzo a imaginar que una vida de egoísmo sin Su maravillosa presencia fuese deseable para cualquier criatura, y que hasta la destrucción definitiva de mi vida me parecería por demás un destino muy triste y devastador que no le deseo a nadie.

En lo personal, creo que alejarte de Él es la decisión más estúpida e ilógica que un ser humano, puede decidir, pues no es el propósito de la vida de ningún ser humano el de terminar en el lago de fuego que arde eternamente. Por amor de tu vida, no lo hagas.

Mejor escoge quedar inscrito en el libro de la vida del Cordero, para que seas invitado a la cena de las bodas del Cordero.

Sabemos que Él es amoroso y paciente. Para mí la pregunta no tiene qué ver con cuántos años más pasarán, sino a cuántos seres humanos distintos Él ha escogido para que le acompañemos en la Jerusalén celestial.

De ahí su paciencia inmensa y su compasión inagotable. ¿Quiere que en las bodas del Cordero su fiesta seamos invitados 500 mil millones de seres humanos o quizás 500 millones de millones de seres humanos? Esto sólo Él lo sabe.

Al final de los tiempos, sabemos que Él nos dará una piedrecita blanca con un nombre que sólo Él conoce y sólo tú conocerás. También sabemos que te dará una corona en aquel día.

Esto significa que Él Es quien conoce la razón de nuestra existencia. Él nos creó únicos, no existe ninguna persona idéntica a ti o a mí.

Nos dio una inteligencia específica en un momento y lugar específicos del cosmos, y nos pone a nuestro cargo ciertas tareas que es mejor prestar atención para llevarlas a cabo con cabalidad y lo mejor de nuestras fuerzas.

Él vendrá, como ladrón de noche con todo Su Ejército, ya sea por todos los que estamos vivos hoy, por los que nos toque dormir, o por los que en su momento estemos dormidos. Pero ten por seguro que Él siempre cumple sus promesas.

Esperemos que nos encuentre trabajando adecuadamente en expandir su reino con los talentos que puso a nuestra disposición.

Esposo Deseado

Entré al jardín de mi amada esposa, junté mirra con mi perfume,
he comido de mi panal con miel, he bebido vino con leche,
he comido, amigos, he bebido, me he intoxicado de mi amada,

Yo duermo, pero mi corazón está despierto.
¡Una voz! Mi amado está tocando,
"¡Ábreme esposa! ¡Compañera! ¡Mi paloma! ¡Perfecta!"

Mi cabeza está llena de perfume, mi cabello de la humedad de la noche,
me he quitado mi vestido ¿me lo volveré a poner?
he lavado mis pies ¿me los volveré a ensuciar?

Mi amado pone su mano en el cerrojo, mi corazón late por él,
me levanté para abrirle a mi amado, mis manos derramaban mirra,
mis dedos dejaron mirra en la manija del cerrojo.

Le abrí a mi amado, pero él ya se había ido, mi corazón salió cuando él se fue,
lo busqué, pero no lo encontré, lo llamé, pero no contestó.

Cantar de los Cantares 5:1-6

Sujétense entre ustedes en el respeto a Cristo.
Esposas, a sus maridos, como al Señor, porque el esposo es la cabeza de la esposa,
así como Cristo es la cabeza de la iglesia, el Salvador del cuerpo,
por tanto, como la iglesia se sujeta a Cristo, así también las esposas a sus maridos en todo.

Esposos, amen a sus esposas, como Cristo ama a la iglesia y se entregó por ella

para purificarla a ella, limpiándola por el baño con agua a través de la palabra
para presentarla a ella ante Él como una iglesia gloriosa,
sin mancha o arruga de ningún tipo, sino consagrada y sin culpa.

Así también, esposos, deben amar a sus esposas como sus propios cuerpos.
El que ama a su esposa se ama a sí mismo,
pues nadie nunca odió a su propio cuerpo, pero lo nutre y lo conforta,
justo como Cristo hace con la iglesia.

Porque somos miembros de Él, de su carne y de sus huesos, de su cuerpo
"Por tanto, el hombre dejará a su padre y a su madre,
y se unirá con su esposa, y ambos serán una carne"

Este secreto es profundo, y yo me estoy refiriendo a Cristo y a la iglesia,
sin embargo, cada uno de ustedes debe amar a su esposa como a sí mismo,
y la esposa debe respetar a su esposo.

Efesios 5:21-33

Nota: Si te lo llegas a preguntar mientras lees este texto, mi vida sexual personal no ha sido la mejor ni la más sana. Yo mismo en el pasado me comporté como un necio e hice lo necesario para arruinar mi matrimonio, así que admito que no cuento con autoridad moral para tratar este tema.

Este tema además toca el propósito del plan de Él para la vida del ser humano. Constantemente es asediado, pues el objetivo de la serpiente fue engañar a la mujer para que sedujera al hombre, y que la sexualidad fuese sometida a una confusión constante. Además, La sexualidad es como un toro salvaje difícil de domesticar.

Así que doy por sentado que encontrarás mejores puntos de vista del tema en otros trabajos, sin embargo, lo que estás por leer es lo más inteligente y razonable que Él me permitió discernir acerca de este tema, desde el punto de vista de un hombre de treinta y ocho años.

Él Es el Esposo de la Iglesia.

Nosotros, quienes hemos sido lavados por Su sangre preciosa, ya estamos unidos a Él y somos un solo espíritu con Su Espíritu que habita en nosotros.

También vivimos con paz y tranquilidad, porque Su Espíritu es la promesa de que, al terminar nuestra vida en este cuerpo mortal, dormiremos para esperar aquel día, en el que seremos despertados en cuerpos incorruptibles para convertirnos en ciudadanos de la Jerusalén Celestial, en una gran fiesta que se conoce como la cena de las bodas del Cordero y estar unidos en intimidad con Él.

Él Es el Creador del sexo, y también Él Es el Dueño del sexo.

El sexo es un placer fascinante para todas las personas de todas los lenguajes, edades y familias en la tierra.

El deseo sexual motiva la voluntad y moldea la conducta de todos los seres humanos, dándoles el poder de construir o destruir su vida, llevar a cabo hazañas o estupidez con el fin de satisfacerse.

Por el sexo ocurren guerras, se componen canciones, se desarrolla cultura, y se crean adictos.

Hay profundidad en la unión sexual, el hombre y la mujer se conocen íntimamente y consuma el matrimonio por medio de la unión física de sus cuerpos en el acto sexual.

El matrimonio es más que sexo, pero no es menos que sexo.

El sexo no es un fin, sino un medio que apunta a una realidad más profunda ya que nuestros matrimonios humanos son la sombra del verdadero matrimonio.

Es un error malentender el sexo, pues este entreteje la intimidad de las personas y los une en una sola persona, donde ambos se vuelven colaboradores.

Ahora bien, todas las relaciones entre humanos están sometidas a la imperfección y a la maldad de las personas.

El profeta Oseas describe cómo Él entró en un matrimonio tormentoso con el pueblo de Israel, debido a que, por su idolatría, se comportó como una mujer adúltera e infiel, por lo que hubo un divorcio.

"¡Discute con tu madre, presenta cargos contra ella!
Pues ella ya no es mi esposa, ni yo soy su esposo.
Díganle que se arrepienta de la prostitución que hay en su rostro
y del adulterio que hay en sus pechos"

No es que Él tenga unos estándares demasiado severos con los humanos, o que Él sea como un hombre inseguro que se imagina cosas con nuestras imperfecciones. He aquí textualmente lo que hacía constantemente las personas del pueblo de Israel:

"Sexo desordenado,
vino y más vino le han quitado el entendimiento.

¡Mi pueblo les pide consejos a trozos de madera!
¡sus varitas mágicas les dicen el futuro!
Pues el espíritu de la prostitución los arrastra,
y han cometido adulterio en contra de su Señor.

Hacen sacrificios en la cima de los cerros, y queman ofrendas en
los montes,
debajo de los robles, los álamos y terebintos, porque su sombra es
placentera.

Además, sus hijas se prostituyen y sus nueras cometen adulterio
pero no castigaré a sus hijas cuando se prostituyan ni a las nueras
por cometer adulterio,
puesto que los hombres son los que salen a buscar rameras
y hacen sacrificios con las prostitutas de los templos religiosos.

Así que el pueblo sin entendimiento será destruido"

Las explicaciones sobran ante la descripción directa y contundente de esta situación. La función de los profetas siempre era la de obedecerlo a Él, antes de pretender el favor de los seres humanos.

El pueblo de Israel constantemente tenía una conducta que provocó la separación de Él con el pueblo de Israel, y que abrió la puerta para un nuevo pacto en el que nosotros los extranjeros podemos acceder a una relación íntima con Él.

Los seres humanos somos los que juramos y prometemos, pero rompemos nuestra promesa a conveniencia.

Él Es el mismo y no cambia. Su celo es el mismo porque realmente nos ama y se enfurece porque permitimos que nuestros ídolos y engaños ocupen un lugar en nuestras vidas que no les corresponde.

Nosotros en este nuevo matrimonio con Él también somos infieles cuando permitimos que la pasión por nuestros ídolos, como el dinero, el poder, la codicia o la lujuria se apoderen de nuestra atención, e inclusive de nuestras oraciones a Él. De esto habla el apóstol Santiago cuando escribió:

"¿Qué causa conflictos y peleas entre ustedes?
¿No vienen de los deseos de pelear que hay dentro de sus cuerpos?
Enloquecen por lo que no tienen.
Asesinan y celan, pero son incapaces de lograr aquello por lo que pelean.
No lo obtienen porque no lo piden,
Y cuando piden no lo reciben, porque piden con maldad,
para que puedan gastarlo en sus propios deseos.

Las personas que se aferran a sus deseos para permanecer en este cosmos quieren que estemos igual de confundidos que ellos con sus ideas falsas del sexo.

Por ejemplo, quieren hacernos creer que Él quiere que tengamos un sexo donde hay un sometimiento horrible, aburrido y amargo.

Irónicamente esto es lo que ocurre a través de su engaño de idolatría, la cual convierte nuestro deseo sexual en una urgencia que nos lleva al porno, prostitución, masturbación, sexo desordenado, adulterio y, lo que es verdaderamente grave, una vida llena de vergüenza alejada de Él.

Esta es la visión que tuvo Juan de Babilonia, la Gran Ramera en la Revelación que recibió del final de los tiempos. Una mujer poderosa, promiscua y pendenciera, en la que los reyes de la tierra se encuentran intoxicados debido a su prostitución.

El ser humano es el que ha distorsionado el propósito del sexo, al corromperlo con engaños o convenciones sociales diseñados para tratar de sobrellevar una realidad sin Él.

El problema de estos engaños es que constituyen una corrupción del propósito de lo que existe en esta realidad.

Entre las personas que se alejan de Él, la pornografía es vista como una adicción inofensiva, y las relaciones de intimidad son una herramienta para la lucha de poder y sometimiento de la otra persona.

Para quienes se sujetan a este cosmos, las personas son vistas como objetos u objetivos desechables, y no como personas.

En este sentido, el sexo se podría convertir en un ídolo, y al mismo tiempo en una herramienta para tener poder sobre otras personas, chantajearles y dominarles para manipular su voluntad en búsqueda de aprobación.

Poner a las personas, a las ceremonias o a los contratos en un pedestal de idolatría, tiende a corromper la naturaleza de las relaciones humanas, esclavizar a una persona y destruir su identidad, y, por tanto, su vida.

Para ellos somos simples mamíferos, y la intimidad sexual es simplemente un acto recreativo como jugar fútbol o salir a caminar al parque, y cualquier vínculo de afecto es desaconsejable para quien se involucra en el deporte de la fornicación.

Pero la realidad es que no existen los condones para el espíritu humano. El sexo es un acto poderoso para quienes lo practican y su ejecución errónea puede lastimar el espíritu e integridad de las personas.

La prostitución es idolatría. Es un error tener sexo con prostitutas, pues el sexo con ellas es una dedicación espiritual de tu energía sexual a dioses paganos.

Una relación sexual fuera del matrimonio es emocionalmente destructiva. El acto del sexo divorcia y rompe una unión matrimonial.

Al respecto, el autor de Hebreos nos recomienda.

"Honren el matrimonio,

y los casados manténganse fieles el uno al otro.
Con toda seguridad,
Dios juzgará a los que cometen inmoralidades sexuales
y a los que cometen adulterio."

Respecto lo anterior, es importante considerar la visión de Él acerca del sexo siempre ha sido tachada de extraña o anticuada, incluso desde la época en la que el pueblo de Israel vivía en Egipto.

Considera lo siguiente. A Jesucristo le encanta que sintamos placer. Él diseñó el sexo para que sintiéramos riquísimo, incluyendo los orgasmos y todo es muy bueno a Sus ojos.

A Él le gusta que Adán se haya regocijado con Eva y vivieran desnudos en el jardín del Edén. El problema más bien surge porque nosotros no estamos llamados a idolatrar las cosas creadas.

Es nuestra maldad la que avergüenza a nuestra desnudez, pero Jesucristo no quiere que sientas vergüenza por ser sexual o por tus deseos sexuales, Él quiere santificarte por quién eres, incluyendo por supuesto tu naturaleza sexual.

Jesucristo es siempre presente y Es quien lo conoce todo. Claro que conoce tus urgencias sexuales, es obvio que te conoce con tus maldades, las cosas que te avergüenzan y lo más profundo de las intenciones tu corazón. Y con todo esto, créeme cuando te digo que Él está orgulloso de ti y te ama demasiado.

A veces pensamos que hemos sido tan dañados sexualmente por nuestras decisiones que ya no habrá marcha atrás. Quizás pienses que has degradado el regalo del sexo sagrado y te da un poco de verguenza acercarte a Él.

Pero recuerda siempre, que Jesucristo derramó su sangre para limpiarnos de toda culpa y vergüenza.

Como Él venció a la muerte, nos puede decir: "Yo te compré con el precio de Mi sangre. Me perteneces, y ahora tu cuerpo tiene el valor de Mi cuerpo".

Quizás cargas con un pasado sexual, una adicción, un concepto erróneo de la sexualidad o un error que cometiste y que destruyó tu matrimonio.

Jesucristo clavó todas nuestras maldades y enfermedades en la cruz del Calvario, y con su resurrección nos trajo perdón y sanidad, así que, mientras tengamos vida, mientras podamos decir "Hoy", Él nos da de Su gracia y de Su Espíritu para volver a empezar.

Jesucristo no se avergüenza ni le da miedo de decirnos abiertamente sus intenciones hacia nosotros, y nos deja muy claro también, la evidencia de que la intimidad física no es exclusiva para la reproducción, sino también para nuestro disfrute.

Cuando Él dice que es el "Pan de Vida" quiere que sepamos cómo se siente Él cuando tenemos hambre y probamos nuestro pan favorito.

Cuando un novio da un anillo de compromiso a su novia para el matrimonio, es una figura de la promesa de la herencia que recibiremos cuando nos da Su Espíritu Santo.

De igual forma, cuando probamos el orgasmo entre una esposa y su esposo, tenemos una pequeñísima probada de cómo sentiremos al ser su esposa después de la Cena de las bodas del Cordero.

Ahora bien, Él nos ha explicado que en la eternidad no hay matrimonio, ni sexo, ni orgasmos como lo conocemos aquí en la tierra, pero gracias a Su Espíritu tenemos la promesa de que Él está preparando una vida llena de éxtasis que superan cualquier cosa que hayamos experimentado en esta vida.

En otras palabras, el placer sexual del matrimonio apunta a las riquezas de gloria que viviremos con Él en la Jerusalén Celestial.

Él te creó sexual y con deseos sexuales poderosos para que entiendas lo que Él siente por ti.

Trataré de explicarlo a continuación.

La relación entre un padre y su hijo, entre amigos, o entre dos pretendientes que salen para conocerse, nunca llegará a tal intimidad como la de una pareja.

Dos voluntades completas se vuelven una voluntad nueva.

La mayor intimidad se da donde hay confianza y respeto mutuo. Empieza por la privacidad que permite la desnudez, y poco a poco progresa hacia una entrega total de la voluntad.

Se da un entrelazamiento en las voluntades, tanto en el plano físico como en el espiritual conforme la cercanía se prolonga.

Las vidas se entrelazan dando nacimiento a la complicidad y al conocimiento mutuo.

Las formas de pensar y las emociones se unen para formar una nueva forma de pensar conforme la unión se vuelve más privada y profunda.

En esta fusión hay humor, hay alegría y plenitud. Hay bondad y devoción de entregarse para servir al placer de la otra voluntad.

Hay una profundidad en el conocimiento mutuo de los anhelos, del corazón y la personalidad única.

Hay dulzura y bondad, fortaleza y generosidad, pero al mismo tiempo, los límites son empujados para romper cualquier barrera y reserva.

Esta intimidad, esta aceptación y sentido de pertenencia, además de llenar nuestro corazón, viene acompañada de sensaciones indescriptibles de placer intenso acompañadas de una paz total y un abandono de todo tipo de egoísmo.

Claro que me refiero a la intimidad que Jesucristo ha preparado para nosotros. Por eso decimos, que la intimidad sexual entre un esposo y una esposa es una metáfora de la realidad que viviremos con Él.

Ahora bien, en ninguna forma estamos planteando a un Dios antropomórfico. Eso sería una aberración de la realidad.

Lo que sostienen las evidencias de todo lo que hemos reflexionado en este trabajo, y que es conforme a las Escrituras, es que nosotros, los seres humanos, en realidad somos "teo-mórficos".

En otras palabras, no es que Él use las definiciones, tradiciones, símbolos o ritos humanos para elaborar sus planes para los humanos, sino que más bien, es necesario entender que lo que nos fue revelado hacer, es solo una sombra de la realidad que Él tiene preparada para nosotros.

Por ejemplo, no es que Él tenga un cuerpo como los humanos, sino que los humanos asemejamos en este mundo físico a su imagen.

Cuando Adán dijo: "ahora ella es sustancia de mi sustancia, y carne de mi carne", es entonces la sombra de lo que nosotros representamos para Jesucristo, y, por tanto, es lógico que podamos unirnos a Él, no como una esposa mortal, sino para convertirnos en un solo espíritu para siempre.

De igual manera, debido al ritual de la Pascua instituido a través de la revelación a Moisés, no es que el sacrificio por el que pasó el Hijo de Adán trataba de encajarse al ritual, sino que el ritual explicado es una figura profética de lo que sufriría el Cordero de Dios para limpiarnos de nuestras maldades por medio de su preciosa sangre.

Así mismo, no es que en la intimidad con Jesucristo en la Jerusalén Celestial se sienta tan maravilloso y delicioso como múltiples orgasmos sexuales, sino que estos son apenas una pequeña probada terrenal, una sombra, de la realidad que viviremos en la intimidad con Él.

Es por eso, que podemos razonar que el matrimonio de los seres humanos es una alegoría del plan perfecto que Él tiene preparado para nosotros.

Que no haya dudas.

Jesucristo Es el Cordero, y nosotros, cuando seamos ciudadanos de la Jerusalén Celestial, seremos su esposa cuando haya nuevos cielos y nueva tierra, para iniciar una vida eterna en Él, de una condición indescriptible en términos humanos.

Pero antes de proseguir a temas de la eternidad, me gustaría hacer un alto importante para que pensemos en Jesús.

Así como Jesús cuando se hizo hombre sentía hambre, sed y cansancio, es obvio que también llegó a experimentar deseos sexuales.

Esto queda claro con el testimonio de Juan cuando escribe que "el Verbo se hizo carne", y también es evidente al analizar los textos que tanto María Magdalena, como la samaritana del pozo llegaron a sentir atracción por la masculinidad de Jesús.

Sin embargo, Él nos demostró constantemente que no sólo de pan vive el hombre, y que es posible sentir deseos sexuales sin tener qué ser arrastrados por estos.

Lo que quiero dejar claro es que Él entiende lo fuertes que pueden llegar a ser nuestros deseos sexuales.

De hecho, quizás por eso utiliza la alegoría de nuestro deseo sexual para hacernos ver con cuánta pasión feroz Él nos desea a nosotros.

Así es como nos explica que Él quiere una esposa preciosa, guapísima, buenísima, deslumbrante, sin mancha ni arruga, sin cupla y santificada.

A Sus ojos, Él creó todas las cosas y fueron vistas por Él como muy buenas. Ante Su mirada, la unión de dos personas es profundamente sagrada.

Durante su ministerio, Jesús hacía constantemente referencia a que él era un novio, por ejemplo, cuando utiliza una parábola que se refiere a las amigas de la novia prudentes, que entran a la boda con el novio, mientras las amigas de la novia flojas se quedan fuera de la fiesta.

De hecho, Juan El Bautista dio testimonio de esto:

Ustedes también son testigos de que dije:
"yo no soy el Mesías, pero he sido apartado para ir frente a Él"

La novia le pertenece a quien Es el novio.

El amigo del novio se sostiene y lo escucha,
y está muy, muy feliz de escuchar la voz del novio.

Así que esta felicidad mía, está completa.
Es necesario que crezca, yo disminuiré.

De esta manera, Jesús en su bautismo no sólo había quedado Ungido como Rey y Sacerdote, sino que había iniciado su proceso de compromiso como novio.

Primero, para formar a Su Iglesia de su costilla cuando fue atravesado por una lanza en la cruz, y nos dio vida a través del derramamiento de sangre y agua, para que todos los seres humanos, de toda familia y lenguaje podamos tener acceso al Lugar Santísimo donde habita Su Presencia.

Luego, para iniciar su relación íntima de matrimonio con la Iglesia el día de Pentecostés, con el derramamiento de Su Espíritu Santo, de manera que podemos decir que Él Es nuestro esposo en esta vida.

Ahora bien, Él vive eternamente, pero nosotros no. Esto quiere decir que la muerte podría convertirse en un impedimento para disfrutar de este matrimonio por la eternidad.

Es por eso, que, en Su maravilloso plan, Él ha preparado todo para que, al dormir podamos ser invitados al evento más importante de la Historia.

Así es como disfrutaremos la promesa de una herencia a Su lado para la eternidad, ya no en cuerpos corruptibles que sufren dolor y sufrimiento en una tierra sometida a la violencia y al desorden, sino en cuerpos incorruptibles en una ciudad eterna, la Jerusalén Celestial.

En este sentido, de la Jerusalén Celestial, es que Él está esperando el momento preciso en el que vivamos todos aquellos que le acompañaremos en una intimidad profunda.

Para nosotros, vivir en esta realidad parecen miles de años de sufrimiento y pruebas, en vidas mortales de menos de ciento veinte, pero para Él que es Siempre presente, han sido apenas algunos instantes.

Ahora bien, el deseo sexual es maravilloso y poderoso en la vida del ser humano, pero la urgencia sexual es una bestia que debemos domesticar y no dejar que ésta nos lleve a nosotros.

Si estás soltero, Jesucristo te invita a poner tus insatisfacciones ante Él, para que te des cuenta de que estas te llevan a Él y que tengas confianza en que tus necesidades serán saciadas y a plenitud en el día de tu Redención.

Él sabe lo que sientes, pues ya son casi dos mil años sin probar vino ni alimento, y nos sigue esperando con paciencia hasta que todos lleguemos a la plenitud de su plan perfecto, para que estemos completos en Él.

Eventualmente, Él te dará todas las satisfacciones de una forma que no podrás imaginar.

Pablo recomienda que si estás soltero y no puedes domesticar la fuerza de tu deseo sexual es mejor que te consigas una esposa, para que puedas disfrutar del amor erótico que incluye el sexo, y por supuesto los orgasmos.

Él quiere que nuestro sexo sea santo, honorable, abundante y poderoso.

Pero estar casado no te garantiza que el sexo será maravilloso, pues el sexo en el matrimonio es producto de entregarte a ti mismo en cuerpo y espíritu a tu pareja.

El sexo es un vínculo de intimidad que apunta a la verdad de que los seres humanos hemos sido creados para la intimidad, pues queremos ser conocidos, ser aceptados, recibidos y amados eternamente.

Nuestros encuentros sexuales son una probada momentánea de lo que estamos hechos para la eternidad.

No hay nada casual en el sexo. No es una prueba para determinar si una persona es aprobada, ni su objetivo es la satisfacción sexual en sí mismo.

El sexo es algo profundamente personal para los seres humanos. En este acto las personas nos abrimos y nos volvemos vulnerables. El sexo es sagrado porque las personas somos sagradas ante Sus ojos.

Pero nosotros no fuimos creados para la expresión sexual ni para el matrimonio, sino para la intimidad. Él no instituyó el matrimonio para llenar nuestras vidas de reglas absurdas, frustración o prohibiciones.

Más bien, el matrimonio es un contrato en el que se establece la promesa mutua de la entrega entera del cuerpo y el espíritu, frente a Él, así como amigos y familiares.

Aunque la institución es perfecta porque es una figura de nuestro propósito de vivir en intimidad con Él, en esta vida no será perfecta porque está ejecutada por seres humanos mortales e imperfectos.

Tu cuerpo es precioso y sagrado para Él porque ha sido comprado con Su sangre preciosa. Hacer un mal uso de tu cuerpo es una maldad contra el templo donde habita el Espíritu Santo.

Es por esto, que el matrimonio es el vehículo apropiado para el sexo sagrado, aunque casarte no garantiza que tendrás un sexo poderoso, placentero y espectacular.

Reiterando, Él quiere que los matrimonios estén extasiados con delicias sexuales.

Él quiere sorprendernos de las riquezas de Su amor y que descubramos sus delicias a través del sexo que ocurre en el lugar, momento y con la persona apropiada.

El matrimonio es la metáfora de la respuesta, pero no la respuesta en sí misma.

El matrimonio no va a solucionar tus problemas que te genera tu deseo sexual, pero en este vehículo aprenderás el tipo de fidelidad, sacrificio y perdón que ejerce Jesucristo para con nosotros.

El deseo que sientes por tu esposa, de ser una sola carne con ella, está en lo más profundo de Su corazón y de lo que Él siente hacia nosotros.

La unión íntima entre un esposo y una esposa es un llamado a la desnudez sin reservas, a la exploración, el deleite y el conocimiento entre ambos, una forma de descubrir la maravilla de otra persona, y una imagen de cómo será cuando nos unamos en Él al final de los tiempos.

Pablo nos instruye en su primera carta a los Corintios:

"El esposo debe llevar a cabo sus deberes sexuales hacia su esposa, y de igual forma la esposa hacia su esposo.

La esposa no tiene autoridad sobre su propio cuerpo, sino el esposo.
De igual manera el esposo no tiene autoridad sobre su propio cuerpo, sino la esposa."

La energía vital que viene en la eyaculación del esposo es para el disfrute de su esposa, y las delicias de la delicadeza del cuerpo de una mujer para el disfrute de su esposo.

Esta es la forma correcta en la que Él ve la sexualidad en un matrimonio. Uno es la prioridad de la otra, y la otra es la prioridad del uno.

Es un acto lleno de honor, placer, entrega, bondad y realidad. Un momento íntimo de confianza mutua y seguridad en el que Él quiere que seamos devotos el uno del otro, enfocados el uno en el otro, y aprendiendo el uno del otro.

El sexo en el matrimonio debe ser generoso, recíproco y lleno de bondad, y muy frecuente.

El vehículo funciona como una oportunidad para servirse mutuamente en amor, y el sexo entonces se vuelve glorioso porque es una celebración de conocerse íntimamente, de una cercanía espiritual que culmina en profundidad y unidad, y que apunta al Amante de nuestras almas.

Finalmente, no quiero dejar del lado que la metáfora de Jesucristo como novio nos cuesta mucho trabajo a los hombres y he notado que a muchas mujeres les fascina esta figura de Él.

Quizás a algunos les incomoda la más mínima sugerencia de que su masculinidad se vea milimétricamente amenazada por una alegoría.

En lo personal, a mí me incomoda, porque me considero el hombre en mis relaciones, así que confieso que prefiero por mucho las reflexiones que hablan de Él como mi Señor, mi amigo, mi super héroe o mi Padre Celestial.

Pero si eres un hombre que está en búsqueda de un modelo masculino a quién imitar, Él Es ese modelo perfecto de cómo se debe comportar un hombre con las mujeres, así que ¡presta atención!

En su definición más esencial, un hombre es su carácter fuerte y valiente a través de sus decisiones y su conducta para servirlo a Él y a sus semejantes más próximos.

A los ojos de Jesús, un hombre se vuelve cobarde cuando elude sus responsabilidades, y su vuelve valiente cuando se enfoca en llevar a cabo la voluntad de Dios para su vida. Esto es el todo de nuestra vida.

Un hombre como Jesús valora su tiempo, sus decisiones, su libertad y su habilidad para modificar el mundo a su alrededor, y nunca comprometerá sus principios ni su servicio a Dios por obtener la aprobación de los seres humanos.

Jesús nos mostró cómo es un hombre que está en contacto con todo su ser.

Jesús nos enseñó que en su tiempo las mujeres estaban al margen, pero él las honraba, las escuchaba y las recibía como sus alumnas.

Él se sentía cómodo en compañía de mujeres que hasta lo seguían en sus viajes e inclusive recibía apoyo financiero de ellas.

Un hombre fuerte y valiente es la fuerza positiva de la humanidad, sal y luz del mundo que se mantiene firme y resistente contra las influencias que pretenden convertirlo en un objeto.

El esposo lleva el liderazgo del hogar, nunca de manera despótica o como un sabelotodo, sino como una forma de gobierno sometido a Jesucristo, de igual forma Jesucristo es quien lleva el liderazgo de Su reino.

El esposo imita a Jesucristo, quien no nos somete con violencia, sino que obtiene obediencia voluntaria del corazón de su amada, por medio de la gracia y la buena estima.

Él nos llama a ser cuidadosos y compasivos; a confrontar la violencia y el abuso del poder, y a buscar la grandeza por medio del amor, el servicio a los demás y la compasión.

Jesucristo no gobierna su reino con tiranía, amenazas y maldiciones, sino con un cetro de justicia y amor incondicional.

Para terminar, me gustaría recomendarte que no esperes que el mundo sea un lugar fácil. Esfuérzate y sé valiente, no temas ni desmayes porque יהוה está contigo.

De Él proviene la fuerza y la inteligencia para que enfrentes al mundo. Como decía Pablo en su carta a los Corintios.

"Estén alerta. Permanezcan firmes en la fe.
Actúen como hombres de valor.
Vuélvanse fuertes"

Descanso

יְהוָה Dios plantó un jardín placentero,
en el oriente, colocando al hombre que formó.
De la tierra יְהוָה Dios hizo que brotara cada árbol hermoso a la vista
y delicioso como alimento.

Y en medio del jardín, el árbol de la vida,
y el árbol de la sabiduría de la bondad y la maldad.

Génesis 2:8-9

A la mujer le dijo:

"Aumentaré mucho tu dolor al concebir, con sufrimiento nacerán tus hijos.
Desearás controlar a tu marido, y él ejercerá dominio sobre ti"

A Adán le dijo:

"Como obedeciste a la voz de tu esposa
y comiste del árbol del que Yo te ordené claramente que no comieras,
maldeciré la tierra por tu causa.

Te costará trabajo comer todos los días de tu vida.
Espinas y cardos obtendrás, y comerás de la hierba del campo.

Con el sudor de tu rostro comerás pan, hasta que regreses a la tierra,
pues de ahí fuiste tomado, porque polvo eres, y al polvo regresarás"

Génesis 3:16-19

Vengan a Mí, todos los que están fatigados y agobiados y yo les daré descanso.
Carguen Mi yugo sobre ustedes y aprendan de Mí, pues soy amable y humilde
de corazón
y encontrarán descanso para sus mentes.
Porque Mi yugo es placentero y mi carga es ligera...

... ¿O ignoran que, por Ley,
en el día de descanso los sacerdotes en el templo no descansan
y aun así son inocentes?

Pues les digo que Alguien mayor que el templo es aquí.

Si tan sólo conocieran lo que es "Deseo compasión, no sacrificios",
no condenarían a los inocentes.
Así que el Hijo de Adán es Señor del descanso.

Mateo 11:28-30; 12:5-8

Y observé nuevo cielo y nueva tierra,
porque el primer cielo y tierra fueron borrados, y el mar dejó de existir.

Observé a la ciudad sagrada, la Nueva Jerusalén,
descendiendo del cielo desde Dios,
preparada como novia, adornada para su esposo.

Y escuché una gran voz desde el trono que habló:

"¡Pongan atención! El hogar de Dios con los humanos, y vivirá con ellos.
Ellos serán Su pueblo, y Dios Él Es con ellos como su Dios.
Él limpiará todas las lágrimas de sus ojos,
y no habrá más muerte, ni tristeza, ni angustia, ni dolores,
porque las primeras cosas ya fueron borradas.

Y Aquel sentado en el trono dijo:

"¡Pongan atención! ¡Yo hago nuevas todas las cosas!"

Luego dijo:

"Escribe porque estas palabras son fieles y verdaderas"

También me dijo:

"¡Consumado es!

Yo Soy el Alfa y la Omega, el Principio y el Propósito.

Al sediento Yo le daré gratuitamente de la fuente del agua de la vida.

El victorioso lo heredará todo, y Yo seré su Dios, y él será mi hijo.

Pero el cobarde y el que no confía,
y los detestables, y los asesinos, y los sexualmente desordenados,
y los brujos y los idólatras, y todos los mentirosos,
su lugar será en el lago que arde con fuego y azufre.
Esta es la segunda muerte.

Entonces uno de los siete ángeles con las siete copas llenas de las últimas siete plagas,
vino y me dijo: "¡Vente! Te mostraré a la novia, la esposa del Cordero"

Revelación a Juan 21:1-9

Y me mostró el río del agua de la vida, tan clara como el cristal,
fluyendo desde el trono de Dios y del Cordero,
que llegaba justo al centro de la explanada central,
y justo en ese lugar, al lado del río estaba el árbol de la vida,
produciendo doce tipos de frutos, entregando rendimientos para cada mes.
Y las hojas del árbol eran para la sanidad de las familias. No habrá más
maldiciones.

El trono de Dios y del Cordero estará en ella, y Sus sirvientes lo adorarán a
Él.
Ellos verán Su rostro, y Su nombre estará en sus frentes.

No habrá más noches ahí,
y no habrá más necesidad de luz de una lámpara o del sol,
porque el Señor Dios brillará en ellos
y reinarán por siempre y para siempre.

Entonces me dijo:

"Estas palabras son fieles y verdaderas.

El Señor, el Dios de los espíritus de los profetas,
ha enviado a Su ángel para mostrar a Sus sirvientes
aquello que seguramente ocurrirá

¡Presta atención! ¡Yo vengo pronto!

Feliz aquel que guarda las palabras de esta profecía que tiene este libro."

Revelación a Juan 22:1-7

El cielo y la tierra fueron consumados en todo su vasto orden.

El séptimo día,
Dios había completado el negocio de lo que había hecho,
así que ese día reposó de todo su negocio.

Dios bendijo el séptimo día, y lo consagró,
porque ahí celebró todo el negocio de la creación que había consumado.

Este es el recuento del cielo y la tierra cuando fueron creados,
En el tiempo en el que יְהוָה Dios los hizo.

Génesis 2:1-4

Él Es Jesucristo, quien hace nuevas todas las cosas.

Él Es el Dueño del descanso. Él Es el Agua de Vida.

Él Es quien lo completa todo. Él Es también quien nos enseña a celebrar.

Grandes son sus maravillas que abruman nuestras mentes y corazones.

A estas alturas, ya te habrás dado cuenta de que este trabajo no pretende ser erudito, y a qué me refería en el principio cuando describí que el propósito de este trabajo es fortalecer tu fe. Espero que así haya sido, y que haya ayudad a aumentar, aunque sea unos milímetros, tu confianza en Él.

Escribir esta aventura cansó mi cuerpo más que ninguna obra en la que haya tenido oportunidad de trabajar, pero fortaleció mi espíritu y me dio respuestas que jamás me había esperado encontrar.

Con todo, pienso que este apenas es un brevísimo resumen de lo que significa Su realeza y Su magnífico Ser, y que, además, no habrá manera de que en este cosmos lo lleguemos a comprender a cabalidad.

Estoy seguro de que quizás despertó inquietudes y más preguntas en ti. Espero que así sea, despertando pasión sincera en tu relación con Él. (Por ejemplo, ¡intencionalmente no he citado los pasajes para provocar que los más curiosos estudien las Escrituras! Ja ja ja)

Por mi parte, el preparar este trabajo, he aprendido que Él no es incomprensible en el sentido de la confusión o el desorden, sino más bien, abrumadoramente inmenso.

Tratar de describirlo a Él es como tratar de contar los números hasta el infinito.

Para mí, la aventura de examinarlo a Él es como nadar en un río que fluye fresco y constante, de forma interminable, lleno de sabiduría, conocimiento maravilloso, pero siempre fructífero y lleno de ciencia, pero sobre todo de fruto de vida eterna.

Mientras más aprendo de Él más respuestas razonables encuentro, más precioso me parece Su carácter, más profunda Su compasión hacia nosotros.

Puedo darme cuenta de que Su amor es inagotable, más fuerte su poder para librarme de mis esclavizadores, y más perfecto su plan de redención para nuestras imperfectas vidas humanas.

Sin Él yo no soy nada, pero con Él soy el dueño de todas las cosas.

Si llegaste conmigo hasta el final de este negocio, te habrás dado cuenta que no hay negocio más importante que conocerlo a Él, no hay mejor lugar que estar a Sus pies para escucharlo a Él, ni mejor momento que hacerlo el día de hoy.

Piensa en Él todos los días de tu vida. No te rindas, no dejes de conocerlo a Él. Enseña a tus nenes con amor y compasión acerca de quién es Él. Mantente firme hasta el final.

Llegará el día en que lo conoceremos Cara a cara, y Él nos dará el descanso que tanto anhelamos.

No creo que en ningún apartado de esta obra haya podido describir siquiera una pizca de lo maravilloso que será estar en Su Presencia y conocerlo a plenitud.

Además, ya te habrás dado cuenta de que soy un simple teófilo que pretende ser un simple intérprete, no recibí ninguna revelación especial, no me atrevería a tratar de describir lo que viviremos en la Nueva Jerusalén, pero según Jesús, sólo aquellos cuyo corazón ha sido limpiado lo podremos ver, así que creo que es ahí en donde deberíamos dirigir nuestra atención. De lo que puedo estar seguro, es que Él Es quien superará todas las expectativas.

No sé qué reflexión podría ser más explícita que simplemente descansar en Su Presencia.

Pero tenemos una profecía para nuestros tiempos modernos, la revelación que recibió Juan, y creo que no hay mejor manera de terminar esta reflexión que con sus palabras:

"Yo, Jesús, envío a mi mensajero
para que dé testimonio ante ustedes frente a las iglesias.

Yo Soy la raíz y la descendencia de David,
la estrella que brilla en la mañana."

El Espíritu y la novia dicen: "¡Ven!
El que escucha dice: "¡Ven!"

El sediento que venga, el que desea el agua de vida que la reciba gratuitamente.

Yo soy testigo para que todos escuchen las palabras de profecía de este libro. Si alguien les añade algo, Dios les añadirá las plagas descritas en este libro. Y si alguien borra de las palabras de este libro profético, Dios le quitará su parte del árbol de la vida y de la ciudad sagrada, que están descritos en este libro.

Aquel que da testimonio de esto dice:

"Sí. Yo vengo pronto"

"¡Ciertamente! ¡Ven, Señor Jesús!"

La felicidad del Señor Jesucristo sea con todos los santificados.

Ciertamente.

Made in the USA
Middletown, DE
29 December 2021

56975047R00168